neue frau
herausgegeben von
Angela Praesent

Märta Tikkanen
Wie vergewaltige ich einen Mann?

Deutsch von
Verena Reichel

Rowohlt

Die schwedische Originalausgabe erschien 1975
unter dem Titel «Män kan inte våldtas»
bei Bokförlaget Trevi, Stockholm
Umschlaggestaltung Nina Rothfos
Illustration Sabine Koch
Deutsche Erstausgabe

233.–247. Tausend Dezember 1990

Veröffentlicht im Rowohlt Taschenbuch Verlag GmbH,
Reinbek bei Hamburg, Juli 1980
Copyright © 1980 by Rowohlt Taschenbuch Verlag GmbH,
Reinbek bei Hamburg
«Män kan inte våldtas» Copyright © by Märta Tikkanen
Gesetzt aus der Garamond (Linotron 404)
Gesamtherstellung Clausen & Bosse, Leck
Printed in Germany
780-ISBN 3 499 14581 2

Märta Tikkanen
Wie vergewaltige ich einen Mann?

Für Inez Garcia
und Jo Ann Little
und für alle ihre anonymen Schwestern,
die es nicht gewagt haben,
Aufruhr zu machen.

Tova Randers arbeitet in der Ausleihe der Stadtbücherei. Sie ist schon fast drei Jahre dort, ihre erste Gehaltszulage ist also in diesem Herbst fällig. Sie ist eine alleinstehende Mutter von zwei Kindern. Ihrer Ansicht nach hat sie Anspruch auf eine doppelte Gehaltszulage, weil sie zuvor schon sieben Jahre lang als Lehrerin an einer staatlichen Oberschule gearbeitet hat. Allerdings hat sie nur aushilfsweise je nach Bedarf unterrichtet, da ihr die erforderlichen Qualifikationen fehlten. Und nun ist ihr Antrag abgelehnt worden, weil ihre Wochenstunden nicht ausreichen.
Darüber ist Tova erbittert, denn es ist nicht leicht für sie, sich selbst und ihre beiden Söhne durchzubringen. Jon, ihr ehemaliger Mann, ist wieder verheiratet und zahlt einen Unterhalt von 308 Finmark pro Kind und Monat; 150 Finmark plus Indexzulagen in den sieben Jahren, seit die Scheidung rechtskräftig wurde.
Die Jungen, Mick und Jockum, sind 14 und 16 Jahre alt.
Tova versucht, ihr Gehalt als Bibliotheks-Assistentin durch nächtliche Übersetzungsarbeit aufzubessern. Leider braucht sie ziemlich viel Zeit dazu, und ihr Schlafbedürfnis ist groß.
Mit ihrer Arbeit in der Bibliothek ist sie einigermaßen zufrieden. Sie träumt davon, es eines Tages zur Diplom-Bibliothekarin zu bringen. Die Kolleginnen mag sie recht gern. Sie sind nur manchmal zu lahm. In der Ausleihe gibt es kaum eine, die gern liest. Es kommt selten vor, daß Tova sich außerhalb der Arbeitszeit mit ihnen trifft.
Einmal in der Woche geht sie zum Jazzballett. Es ist ein Kurs, den die Kommune veranstaltet, und er kostet sie nur 3 Finmark pro Jahr. Für diese Summe hofft sie, ihr Gewicht unter Kontrolle zu halten. Der Hintern und die Schenkel machen ihr Kummer. Außerdem denkt sie sich, ein bißchen Training könne nichts schaden, falls sie je wieder auf einer Tanzfläche landen sollte.
Oder mit einem Mann im Bett.
Tova glaubt immer noch daran, daß sie wieder einen Mann fin-

den wird, mit dem sie gut auskommen kann, auf der Tanzfläche und im Bett. Sie glaubt es oder hofft es zumindest, obwohl sie schon mehrere Enttäuschungen erlebt hat. Mit Jon Randers. Mit einem Mann, den sie sogar in Gedanken nur B. nennt. Und erst kürzlich mit einem, der Kari heißt.

Tova glaubt an die Freiheit. Sie glaubt, daß Menschen fähig sein müssen, miteinander zu leben, ohne einander zu verletzen. Seite an Seite leben, nennt sie das. Wenn sie diesen Ausdruck gebraucht, muß sie häufig genauer erklären, was sie damit meint. Dann wird sie manchmal etwas diffus und weitschweifig. Im Grunde geht es ihr darum, daß man keine Lügen nötig haben soll und daß die Wahrheit nicht unbedingt zur Gewalt führen muß.

Am 16. Juli wird Tova Randers vierzig Jahre alt.

Tova Randers geht am Donnerstag, dem 17. Juli, um halb fünf Uhr früh nicht zur Polizei. Sie schleppt sich nach Hause, die Treppen hinauf, damit sie nicht mit der Tür des Aufzugs klappert, und macht ihre Wohnungstür leise hinter sich zu. Dann steigt sie sofort aus den Kleidern, läßt sie in einem Haufen neben der Tür liegen.

Sie spritzt sich kaltes Wasser ins Gesicht und läßt es lange über die Handgelenke laufen, in denen es heiß pocht. Sie wagt weder zu duschen noch zu baden, um die Nachbarn nicht zu stören. Sie kühlt ihre Hände unter dem Wasserstrahl. Tränen laufen über ihr nasses Gesicht.

Dann liegt sie ausgestreckt auf ihrem Bett und starrt vor sich hin. Fast drei Stunden lang liegt sie ganz still auf dem Rücken. Mit weit offenen Augen schaut sie an die weiße Decke. Sie hat das Gefühl, daß sie kein einziges Mal blinzelt, daß sie nur starrt und starrt.

Ihr geht der Gedanke durch den Kopf, daß sie sich nie mehr wird verstecken können, nicht einmal hinter ihren Augenlidern.

Zwei Minuten nach neun ruft sie beim Personalchef der Bibliothek an und meldet sich krank. Sie sagt, sie habe einen schweren Migräneanfall bekommen.

Sie hat keine Migräne. Jedenfalls bis jetzt noch nicht.

Sie ruft auch jetzt die Polizei nicht an. Die Sache könnte publik werden, die Zeitungen könnten darüber schreiben, jemand könnte sie mit dem Vorfall in Verbindung bringen, selbst wenn kein Name genannt wird. Man könnte sie identifizieren. Frau mittleren Alters vergewaltigt. Bibliothekarin an ihrem 40. Geburtstag zum Geschlechtsverkehr gezwungen. Mutter von zwei Kindern an Bettpfosten gefesselt. Vermutlich war Alkohol mit im Spiel. Alkohol. Auch das noch.

O Gott. O Gott, o Gott.

Tova Randers, 40jährige städtische Angestellte, Mutter von zwei Kindern, läuft auf dem braunen Flickenteppich ihres Wohnzimmers im vierten Stock in der Hesperiagatan 30 immer im Kreis herum und weint hemmungslos.

Alkohol ist mit im Spiel, als sie jetzt tatsächlich ihre Migräne bekommt. Wie eine riesige grüne Welle schlägt sie über Tova zusammen. Sie schafft es kaum noch bis zur Toilette, als die Welle auch schon aus ihr herausgeschleudert wird, bis sich ihr Innerstes nach außen kehrt. Sie zittert vor Kälte und Übelkeit, weiße Sterne wirbeln ihr im Kopf herum, an den Schläfen pocht es rot. Sie stöhnt.

Nach einer Weile legt sie sich ins Bett, mit einer Waschschüssel neben sich.

Wie ein Stein am Strand. Wie ein kühler, blanker, feuchter Stein am Strand, den die Wellen überspülen, kühl und gleichmäßig und ohne Bewußtsein, nur kalte, nasse Wellen rollen über den Strand, und es gibt keinen Druck mehr, keine Scham, keine Gedanken.

Wie in Trance liegt sie da. Stunde für Stunde.

Als sie aufwacht, ist es Nachmittag. Es ist kühl, die Sonne spiegelt sich in den Fensterscheiben auf der anderen Seite des Hinterhofs. Sie fühlt sich matt, leer, kraftlos.

Vorsichtig steht sie auf, bringt das Bett in Ordnung und geht zum Kühlschrank. Er ist fast leer. Sie trinkt Buttermilch, nimmt sich eine Scheibe Schwarzbrot, ohne Butter, kaut langsam, kostet den säuerlichen Geschmack.

Sie fegt die Krümel auf dem Tisch zusammen, wirft sie in den Ausguß, schwenkt das Glas mit Wasser aus und stellt es in den Spülstein.

Dann geht sie ins Wohnzimmer mit dem braunen Flickenteppich. Sie setzt sich in den Polstersessel, kauert sich zusammen, legt die Beine über eine Lehne, stützt den Kopf in die Hand. Mit der anderen Hand zwirbelt sie an einer Haarsträhne herum.

Je sauberer und weicher ihre Haare sind, desto besser kann sie denken.

Jetzt sind sie ganz sauber. Sie hat sie erst gestern gewaschen. So fällt ihr das Denken leichter. Während sie sich Haarsträhnen um die Finger wickelt, geht Tova Randers die vierundzwanzig Stunden ihres vierzigsten Geburtstags noch einmal Schritt für Schritt durch.

Dum dum dadadum dadadi dum dum

  nein, bloß nicht, das ist ja zum Verrücktwerden

  dum damdam dadadum dum dadadi dum dum dididam dum dadadi dum dum

  o je, o je, nur das nicht, nicht diesen stumpfsinnigen dröhnenden Rhythmus

Tova hat dieses Stück schon immer verabscheut, es klingt nach fetten, schwabbelnden Bierbäuchen, aufgedunsen und schweißtriefend.

  dum dadadum dum dum

  und auch noch dieser spezielle Duft, warum mußte er ausgerechnet genauso riechen wie der Mann, der ihr einmal so viel bedeutet hat!

Was hatte sie überhaupt in diesem Lokal zu suchen, seit fünf Jahren hat sie da keinen Fuß reingesetzt, sie ist überhaupt erst einmal da gewesen, und das ist lange her, sie hatte keine Ahnung, daß es dort jetzt nachmittags Tanz gibt. Wenn sie das gewußt hätte, nie im Leben wäre sie dann ...

Es war ihr Heißhunger, wie üblich.

Sie hätte sich mit ein paar Scheiben Schinken begnügen können wie sonst, dazu eine Tomate und ein Joghurt. Ihr Hintern ist so schon dick genug.

Bumbumbababumbabumbabumbabum, da dröhnt es schon wieder los.

Wen geht das überhaupt was an, ob sie einen dicken Hintern hat oder sonstwo zu dick ist. Für wen fastet sie eigentlich?

Ihre Arbeit macht sie jedenfalls nicht besser oder schlechter, ob sie nun dick oder dünn ist.

Sie hätte an der Tür kehrtmachen können, als sie sah, daß im Café Maestro geschwoft wurde. Das hätte sie wirklich tun sollen. Aber sie hat es nicht getan. Hat sich wohl gedacht, das sei jetzt auch egal, wo sie schon die ganze Treppe raufgelaufen war.

Außerdem gab es hier Steaks vom Grill. Da konnte sie einfach nicht widerstehen, um ehrlich zu sein. Ein saftiges Beefsteak. Das wollte sie sich selbst zum Geburtstag schenken.

Ihr vierzigster Geburtstag.

Wie scheußlich das klingt. Tova geht rasch darüber hinweg. Obwohl sie natürlich nicht zugeben würde, daß es für sie einen besonderen Beiklang hat.

In deiner vollen Reife.

Das hatte ihr Vater gesagt, als er sie bei der Arbeit anrief, um ihr zu gratulieren. Sie hätte bestimmt überhaupt nicht daran gedacht, wenn er sie nicht angerufen hätte, wie er es immer tut, an allen Geburtstagen und Namenstagen. Tova hatte schon im voraus beschlossen, diesen Tag zu vergessen.

Deine volle Reife. Als dieser Kerl vor ihr steht und sich verbeugt, fallen ihr die Worte des Vaters ein. Ihr Vater ist schuld, daß alles so gekommen ist. Hätte sie nicht gerade in diesem Moment an seine blöden Worte denken müssen, dann hätte sie höflich abgelehnt und gesagt, sie sei nur mal eben zum Essen vorbeigekommen, und dann wäre sie schnell gegangen und hätte ihren Kaffee woanders getrunken.

Aber ausgerechnet in diesem Moment muß sie daran denken.

Volle Reife. Überreif.

Dumdadadum dum dum

Sie kann sowieso nicht gut tanzen. Jon hatte nie Lust, tanzen zu gehen, und seit sie allein ist, hat sie es auch nicht getan. Sie hätte sagen können, daß sie nicht tanzen kann. Daß sie nicht tanzen will.

Diese Worte. Sie klingen purpurrot, tief violett, wie Kirschen, wenn sie am reifsten sind.

An die Bettpfosten hat er sie gefesselt. Hat sie von oben bis unten gemustert. Hat dabei über sie geredet und sie in einer Art beschrieben, die sie nie vergessen wird. Wie soll sie je wieder vergessen können

wo soll sie alle Spiegel verstecken, damit sie nicht mehr hören muß, was er über sie gesagt hat.

Purpurrot.

An solche Kirschen wird sie noch oft denken müssen. Schwärzliche Kirschen. Voll schwerer Süße. Wenn man es schafft, sie zu pflücken, bevor sie fallen. Köstlich, diese vollreifen Früchte, wenn man gerade Appetit auf so etwas hat. Aber schon mit einem Stich von Fäulnis im gelben Fruchtfleisch, das zwischen den Fingern zerplatzt, als sei die Schale zu eng geworden.

Und an ihrem Nachgeschmack merkt man, daß es nicht mehr lange dauern wird, bis sie nach Erde schmecken.

Aber Tova denkt nicht an den Nachgeschmack. Eigentlich ist doch nichts dabei.

Deshalb tanzt Tova mit einem Fremden, dessen Geruch sie mag. Dieser ganz spezielle Duft muß der Grund sein, daß sie mit ihm tanzt. Ein Duft, der sie an Kari erinnert.

In diesem Moment wagt sie es sogar, an Kari zu denken. Deshalb trinkt sie einen Cognac zum Kaffee, bestellt noch einen Kaffee und tanzt mit diesem Typen, nein, schnuppert an ihm, der seinen wahren Geruch unter Karis Rasierwasser versteckt hat.

Aber dann ist er doch noch hervorgekommen, sein Geruch

baaaah

falsch, ekelhaft, unerträglich

er zwingt ihr seine Gerüche auf, sie schreit, aber niemand kann sie hören, weil sein Tonband endlos dieselbe stampfende, dröhnende Musik herunterdudelt

dum dadadum dum dum

sie hätte sich doch mit dem Steak begnügen können, warum mußte sie auch noch den Cognac und den Kaffee bestellen, und was hatte sie überhaupt mit diesem Kerl zu tun

es gibt nichts zu fürchten nachmittags um fünf, in der Mitte der Woche, in der Mitte des Sommers.

Als sie aufbrechen, hat sie nicht vor, noch mit ihm zu gehen, obwohl er ihr, wie er sagt, gern noch ein paar Platten vorspielen möchte, vielen Dank, *die* Platten kennt sie, die interessieren sie nicht, sie hat ihre eigenen Platten in ihrer leeren, stillen Wohnung

still und leer, und niemand, der auf sie wartet, beide Jungen sind bei Jon

ein Gläschen kann sie noch mit ihm trinken, er protzt zwar fürchterlich mit seiner Firma, seinem Auto und seiner fabelhaften Familie, aber gut, sie nimmt die Milchzähne seiner Söhne und seine steile Karriere in Kauf, wenn nur der Likör gut ist, den er ihr anbietet

und das ist er wirklich, süß und stark

wenn sie die Augen schließt, dreht sich die ganze Welt um sie, und sie riecht Karis Duft.

Sie setzt sich hastig auf.

Jetzt möchte sie nach Hause gehen.

Tschüs und danke schön.

Sie steht auf, da wirft er sich auf sie, drückt sie aufs Sofa, das könnte dir so passen, du kleines Biest, jetzt auch noch frech werden, da hab ich auch noch ein Wörtchen mitzureden

sie hält es immer noch für ein Spiel

es erregt sie sogar ein bißchen

der Rock rutscht ihr hoch, aber das möchte sie nicht, und als sie sich aufsetzt und ihn wieder herunterzieht, dreht er ihr einen Arm nach hinten, jetzt schreit sie, und da schlägt er sie

noch nie hat jemand sie geschlagen

sie ist außer sich vor Zorn.

«Was bildest du dir überhaupt ein, du Scheißkerl», schreit sie, «hältst du dich etwa für so toll, daß du glaubst, ich wäre mitgegangen, um mit dir zu schlafen. Daß ich nicht lache, heutzutage entscheiden die Frauen selbst, ob und wann sie mit einem Mann schlafen wollen, und glaub nur ja nicht, daß eine Frau Lust darauf hat, wenn du sie zu zwingen versuchst!»

Aber er lacht ihr einfach ins Gesicht

schert sich einen Dreck darum, was sie sagt

als sie ihn beißt, schlägt er sie noch einmal, als sie ihn kratzt, verdreht er ihr den Arm noch stärker als zuvor, bis sie jammernd zu Boden fällt

sie tritt nach ihm, aber es ist aussichtslos

und plötzlich kriegt sie Angst.

Sie kennt ja die Geschichte von dem Verrückten in Vanda. Der Kopf des Opfers mit einem stumpfen Gegenstand zertrümmert. Die Leiche irgendwo im Gebüsch versteckt.

Da gibt sie auf.

Versucht, sich wegzudenken.

Versucht zu vergessen, wo sie ist.

Und was er ihr antut.

Aber was er sagt, ist schwer zu vergessen. Dieser widerwärtigen, obszönen Worte, die er immerzu sagt, Worte, die sie noch nie gehört oder höchstens mal in allergrößter Heimlichkeit gedacht hat. Und dann behauptet er, Frauen wollen vergewaltigt werden. Sie würden es genießen. Sie wären scharf darauf, daß ein Mann sie aufreißt, fesselt, schlägt. Sie wüßten nichts Besseres als Männer wie ihn, mit Stiernacken und behaarter Brust und einem Schwanz wie ein Steinpilz, der an der Wurzel am dicksten ist.

Aber kurz, denkt Tova triumphierend. Der kürzeste Pimmel, den ich je gesehen habe. Der macht keiner Frau Freude. Es ist eine Lüge, daß es keine Rolle spielt, wie lang oder wie dick er ist.

Er soll nicht so kurz sein, er soll unten nicht am dicksten sein, und seine lächerlich dünne Spitze soll nicht auf diese Art gekrümmt sein.

Das wiederholt sie immer wieder in ihrem Kopf. Sie sagt es im Takt seiner widerlichen, primitiven Musik, die sich über sie ergießt, dingelingelingedingding

kümmerlicherkurzerpimmelkurzerpimmel

aber irgendwie spürt er das, er schleift sie ins Schlafzimmer, wirft sie aufs Bett, bindet sie an den Bettpfosten fest und hat dabei einen so gefährlichen Ausdruck im Blick, daß sie nicht nach ihm zu treten wagt, obwohl sie schon dazu ausgeholt hat

und verhöhnt sie.

«So, du gehörst also zu diesen Emanzen, die sich alles selber aussuchen, bitte schön, such dir's nur aus, wie möchtest du es haben, von hinten oder von vorn oder beides zugleich, was hast du denn im Maestro zu suchen gehabt, wenn du nicht ganz geil drauf warst, wolltest dir wohl nur die Briefmarkensammlung oder das Fotoalbum ansehen, wie, beim Tanzen kannst du dich ja prima ranschmeißen und einem schöne Augen machen und einem das Knie zwischen die Beine schieben und die Haare um den Kopf fliegen lassen, und die Schweißtropfen auf deiner Oberlippe, die bedeuten, daß es auch noch woanders getropft hat ...»

«Hör auf, du Schwein!»

«Nana, das wirst du doch nicht abstreiten wollen, du bist schließlich keine ahnungslose Jungfrau mehr, du hast gedacht, du kriegst alles nach deinem Willen, oder, erst so tun, als wenn du aufs Ganze gehst, und dann die Beine zusammenkneifen und tschüs, vielen Dank, na willst du denn nicht die Polizei rufen, willst du ihnen nicht sagen, daß dieser schlimme Kerl dich vergewaltigt hat, als du mit ihm Likör getrunken hast, und obwohl du deine Unterhöschen anbehalten wolltest, ist er mit seinen Fingern und seinem großen bösen ...»

dingelingedingding

Tova kann immer noch nicht glauben, daß es wahr ist, daß sie das wirklich ist, sie denkt, daß sie irgendwo anders ist, daß es diesen ekelhaften Typen gar nicht gibt, daß das alles nur ein komischer Traum ist

dieser verdammte Geburtstag

diese tiefschwarzen Kirschen, es wäre niemals passiert, wenn sie dreißig gewesen wäre, nicht mal angesehen hätte sie diesen widerlichen Kerl, der nicht das geringste mit Kari zu tun hat und auch sonst mit keinem Mann, an den sie je gedacht hat

o Gott, nur nicht daran denken, sonst muß sie weinen

was brabbelt er da schon wieder für Unflätigkeiten vor sich hin, begießt sie mit seinem glitschigen Likör und leckt ihn wieder ab, schade, daß es nicht jemand anders ist, zuckt es ihr durch den Kopf, dann schüttelt sie sich, er begießt sich selbst mit Likör und will, daß sie ihn ableckt, sie spuckt ihn an, und er schlägt sie wieder, dann gießt er sich den Likör direkt in den Mund, und das gibt ihr ein Fünkchen Hoffnung, sie kippt selbst immer mehr Likör in ihn hinein, läßt ein kleines Rinnsal zwischen ihre Beine laufen, und er schlürft es auf, müde schmatzend, wann dämmert er endlich ein? Sanft streicht sie über seinen Nacken, massiert seinen Hinterkopf mit den Fingerspitzen, folgt dem Nerv, der zum Schulterblatt hinunterführt, sie weiß genau, wo er liegt, der Migränenerv, und noch mal zum Nacken hinauf, sie zwingt ihre Hände, noch behutsamer zu sein, ruhig, ganz ruhig, nur noch winzige, federleichte Bewegungen, dann bewegt sie sich selbst ein wenig, hält inne, hebt eine Hand, hält wieder inne, hebt die andere, hält den Atem an.

Wartet.

Sachte, sachte.

Läßt sich aus dem Bett gleiten. Schnell ins Nebenzimmer, die Kleider auf dem Sofa, die Handtasche irgendwo darunter, sie rafft alles zusammen und läuft nackt ins Treppenhaus, läßt die Tür lautlos, fast lautlos ins Schloß schnappen. Immer noch auf Zehenspitzen die Treppe zum nächsten Stock hinunter, angespannt nach oben lauschend, die Knie weich wie Pudding.

Sie zittert so stark, daß sie es kaum schafft, die Bluse zuzuknöpfen und den Reißverschluß am Rock hochzuziehen. Die Strümpfe steckt sie in die Tasche, mit den Schuhen in der Hand macht sie die Haustür hinter sich zu. Schlüpft in die Schuhe und rennt los. Sie rennt um die Ecke, dann um noch eine und noch eine, kommt auf die Fredriksgatan, ihre Schritte hallen hinter ihr her, während sie vorwärts stolpert. Kurz vor dem Café Maestro, nein, nie, nie wieder, sieht sie ein Taxi kommen, es stoppt auf ihr Zeichen hin, und sie läßt sich auf den Rücksitz sinken.

Ihre Stimme klingt dumpf und undeutlich, als sie ihre Adresse sagt.

Sie hält die Tränen zurück. Hält den Atem an, ballt die Fäuste,

beißt die Zähne zusammen, daß es nur so knirscht.
Bis sie endlich zu Hause ist.
Dingelingeling.
Es ist halb fünf Uhr früh, und Tova Randers ist vierzig Jahre alt
geworden.

Tief betroffen, als sei nichts geschehen.

Tova weiß nicht, woher diese Worte kommen, aber sie zwingen sich ihr immer wieder auf, wie sie da im Sessel sitzt. Es hilft nichts, die Stellung zu ändern und die Haarsträhnen mit der linken Hand zu zwirbeln statt mit der rechten. Selbst als sie aufsteht und umhergeht, kann sie die Worte nicht loswerden.

Tief betroffen. Als sei nichts geschehen.

Allmählich glaubt sie, daß diese Worte tatsächlich etwas aussagen. Vielleicht sind sie nicht nur ganz unbegreiflich und ein bißchen pathetisch und geschraubt, wie all diese sonderbaren Wortkombinationen und Rhythmen, die in ihrem Kopf hängenbleiben, wenn sie Migräne hat. Oder kurz bevor sie Migräne bekommt oder wenn sie gerade einen Anfall hinter sich hat. Vielleicht sagen diese Worte doch etwas über sie aus, jetzt, in diesem Moment.

Tief betroffen.

Wovon?

Na, jedenfalls nicht von diesem Kerl. Mit dem hat sie nicht wirklich was zu tun gehabt, sie weiß kaum etwas von ihm, will auch nichts wissen. Von ihm und seiner Überheblichkeit, seiner Schrecklichkeit, seiner

Schreck!

Das ist es, sie ist starr vor Schreck, nicht tief betroffen, sondern wie gelähmt vor Schreck. Paralysiert von tausend Ängsten, von alten, uralten und neueren Ängsten, und von dieser brandneuen. Diese ganz frische Angst ist die einfachste, sie hat sich noch nicht einnisten können, hat sich noch nicht überspielen und beschönigen lassen, und deshalb fängt Tova mit ihr an.

Tova Randers sitzt in ihrem Polstersessel, zitternd und bebend vor Angst, daß jemand etwas von ihrer Demütigung erfahren könnte.

Die Schande, gegen ihren Willen gezwungen zu werden. Die Schande, die Schwächere zu sein, die mißbraucht wird, die haßt und verachtet und sich trotzdem fügt.

Das darf niemand erfahren. Das darf niemand je erfahren.

Deshalb geht sie nicht zur Polizei. Sie bleibt sitzen und stochert in den letzten vierundzwanzig Stunden herum, als könne sie alles ungeschehen machen, wenn sie nur lange genug stochert. Als könne sie sich schließlich davonschleichen, es aussperren, es herauseitern lassen, es auskotzen, es wegschlafen.

Sie wird schon eine Möglichkeit finden, es unschädlich zu machen. Es auszustreichen und darüber hinwegzugehen.

Als sei nichts passiert.

Wenn sie bloß niemand gesehen hat. Wenn es bloß nicht irgendwie rauskommt und jemand davon erfährt, so daß sie dann doch die ganze Geschichte erzählen muß. Doch noch zur Polizei gehen muß, falls jemand Anzeige erstattet, der alles mitbekommen hat und sie als Frau aus dem Café Maestro erkennt. Der Taxifahrer, der sie nach Hause brachte, muß ihr ja angesehen haben, was ihr zugestoßen ist, und Nachbarn können es gehört haben.

Lächerlich würde man sie machen, man würde sie demütigen, schlimmer noch als das erste Mal, man würde sie zwingen, alles einmal mit fremden Leuten durchzugehen, mit jungen Polizisten im Revier, die jede Einzelheit zu Protokoll nehmen wollen. Vielleicht schauen sie angestrengt auf ihre Papiere hinunter, während sie mit einem oder zwei Fingern tippen, schauen hinunter, damit sie keine Blicke wechseln, wenn sie ihre Aussage macht.

Oder sie sehen sie an und werfen sich Blicke zu. Und wenn sie zu mehreren sind? Dann würde sie vielleicht ihren offenen Hohn zu spüren kriegen.

Ein Strick? Aha. Ein weißer Strick also, und das linke Bein an den linken Bettpfosten gefesselt. Und was haben Sie gemacht, während er die Kassette in seinem Rekorder umdrehte, dieser Sittlichkeitsverbrecher? Likör haben Sie getrunken, soso.

Geschieden? Alter?

Neununddreißig ... ich meine, vierzig.

Vierzig also. Und geschieden. Aha.

Tova haßt die Polizisten, mit denen sie in ihrer Vorstellung kämpft. Legt ihnen Worte in den Mund, die sie irgendwo aufgeschnappt hat, die schlimmsten, die ihr je zu Ohren gekommen sind.

Geschiedene Frauenzimmer, da weiß man doch gleich Bescheid. Die sollten lieber dankbar sein.

Zu lange keinen Mann gehabt. Sieht Gespenster. Es heißt, daß alle so werden.

Klimakterisch.

Oder sie kriegt gerade ihre Periode.

Tova ballt die Fäuste vor Wut. Nein, zum Teufel. Sie denkt nicht daran, sich damit abzufinden. Sie denkt nicht daran, es auszustreichen und einfach weiterzumachen, als sei nichts passiert.

Lieber läßt sie sich verhöhnen. Lieber nimmt sie es in Kauf, daß sie ihr nicht glauben, wenn sie sagt, sie sei nur aus Appetit auf ein Steak mitten in der Woche am hellichten Nachmittag in ein Tanzcafé gegangen, sie sei nur wegen des schönen Wetters die Frederiksgatan hinuntergegangen statt hinauf, es sei das Fruchtfleisch der schwarzen Kirschen gewesen, das sie dazu brachte, ihm in seine Wohnung zu folgen, sie habe seinen Likör nur deshalb getrunken, weil ihre Jungen bei Jon waren und nicht zu Hause ängstlich auf sie warteten, sie habe sich nur wegen dieses ganz speziellen Rasierwasserdufts auf sein Sofa gesetzt, und sie habe an ihrem Rock gezupft, weil einer, der genauso duftete, sie verlassen hatte

natürlich werden sie ihr nicht glauben

aber sie hat es wirklich nicht so gemeint

sie hat nicht im Traum daran gedacht

und im übrigen hat jeder Mensch das Recht, nein zu sagen, wenn er seine Meinung ändert.

Jetzt wird Tova plötzlich sehr aktiv. Zuerst steht sie vom Sessel auf, aber nicht, um weinend auf und ab zu gehen, sondern um sich eine Tasse Tee zu machen. Das wird ihr jetzt guttun. Sie vergißt zwar das Wasser und läßt es im Kessel fast verkochen, während sie nur wenige Meter weiter weg am Fenster steht, die Ellbogen aufs Fensterbrett gestützt, und in den dunklen Hinterhof starrt. Aber sie nimmt gar nicht wahr, was ihre Augen sehen, sie sieht nicht, welche Fenster dunkel sind und hinter welchen Licht brennt, welche von den Nachbarn in Urlaub und welche zu Hause sind.

Sie muß den Wasserkessel nachfüllen, um sich ihren starken Tee aufzugießen. Während er abkühlt, spinnt sie den Gedanken weiter, der sie aus dem Stuhl hochgejagt hat. Sie braucht lange, um die große Tasse Tee auszutrinken. Aber sie hat keine Eile. Sie hat noch die ganze Nacht vor sich, und den nächsten Tag, und diesen Monat und das ganze Jahr.

Die Zeit spielt keine Rolle. Wichtig ist nur, daß sie weiß, was sie tun soll. Sie glaubt, es zu wissen, als die Tasse leer ist.

Sie wird nicht zur Polizei gehen. Das hat keinen Zweck. Sie würden ihr sowieso nicht glauben. An ihrer Stelle würde sie das selbst nicht tun. Niemand würde ihr glauben.

Aber das ist noch lange kein Grund, darüber hinwegzugehen, als sei nichts passiert, sich in Selbstverachtung, Migräne und Leiden zu wälzen und nach außen hin gute Miene zu machen, während sie innerlich voller Haß ist. Wie sie es bisher getan hat.

Was würde Jon tun?

Was würde B. tun?

Was hätte Kari getan?

Kurz und gut, was würde ein Mann tun, der gekränkt und gedemütigt worden ist?

Er würde die Sache selbst in die Hand nehmen. Würde sich rächen. Würde kämpfen. Vielleicht unterliegen, vielleicht dabei draufgehen, vielleicht nicht nur den Feind, sondern auch unschuldige Bürger und sich selbst vernichten. Aber kämpfen würde er!

Tova Randers erklärt einem Mann, der in der Stenhuggaregatan 5 B im vierten Stock auf der rechten Seite wohnt, den Krieg. Morgen wird sie herausfinden, wie er heißt.

Und dann wird sie sich eine Strategie ausdenken.

Was sie vorhat, kommt ihr groß und schwierig vor, fast zu schwierig. Aber so sinnvoll und wichtig, daß sie es unbedingt schaffen muß, obwohl sie am liebsten jetzt schon aufgeben würde.

Tief in ihrem Inneren ficht sie einen Kampf aus. Sie möchte die ganze Sache los sein, sie einfach fallenlassen, sie in der dunklen Tiefe versenken, damit keine Spur an der Oberfläche zurückbleibt. So wäre alles ausgelöscht, und sie würde nicht einmal mehr wissen, was es war.

Aber irgendwas in ihr will dabei nicht mitmachen. Irgendwas in ihrem Inneren verbietet es ihr und fordert statt dessen, daß sie den Kampf aufnimmt, sich anspannt und sich anstrengt, daß sie Aufruhr macht und weit über ihre Grenzen hinausgeht.

Etwas Stahlblaues hinter den Augenlidern. Etwas, das es ihr unmöglich macht, sich auf die andere Seite zu drehen und weiterzuschlafen.

Für Tova ist jeder Morgen anders. Und es ist sehr wichtig, wie ihr Morgen aussieht. Lange bevor sie richtig wach ist, weiß sie schon, was sie erwartet. Es hängt von den Farben ab. Sie kündigen ganz verschiedene Stimmungen an. Und diese Farben trügen nie.

Rot, pochendes Rot, ist der Anfang eines Migränetags. An solchen Tagen möchte Tova am liebsten überhaupt nicht aufwachen, sie macht sich schwer, läßt sich tiefer in den Schlaf sinken, sträubt sich, möchte lieber in der dumpfen, angstvollen Ungewißheit bleiben, als sich den grellen Blitzen auszusetzen, die sie treffen, sobald sie an die Oberfläche des Bewußtseins kommt. Sie kämpft so lange wie möglich dagegen an, will nicht aufwachen, will nichts davon wissen, will nicht einmal aufstehen und die Tabletten schlucken, die ihr vielleicht helfen würden, wenn sie sie nur rechtzeitig nähme. Tova taucht vor den Gedanken in den Schlaf weg, läßt sich fallen wie ein Stein, tiefer und tiefer, verweigert sich hartnäckig.

Bis es zu spät ist. Bis keine Medizin mehr hilft. Dann wird sie gegen rote Wände geschleudert, pulsierende Wände, die immer näher rücken und sie einklemmen.

Es kann vorkommen, daß sie beim Aufwachen triumphiert. Es

war ein Irrtum! Es geht ihr gar nicht schlecht, kein bißchen. Sie hat von all dem Roten nur geträumt.

Aber eigentlich weiß sie es besser. Es hat sich jedesmal bestätigt. Vielleicht dauert es eine Stunde, bis es da ist. Aber es kommt. Auf das Rote folgt unfehlbar ein Migränetag.

Es gibt auch grüne Tage. Eine Verabredung mit B. zum Mittagessen. Und bei der Arbeit ein langes Plauderstündchen mit Eva und Agneta, die auch gern Bücher lesen und darüber diskutieren.

Es hat auch einmal grüne Tage voller Sehnsucht gegeben. Daran mag Tova jetzt überhaupt nicht mehr denken. Denn die Tage, die darauf folgten, waren sehr grau.

Ein Tag, der mit Blau beginnt, bedeutet Anspannung: eine Arbeit, die zu bewältigen ist, eine Herausforderung, die sie lockt, weil es etwas Schwieriges, Neues und Sinnvolles ist. An solchen Tagen wacht Tova meist schon vor dem Wecker auf.

Sie haßt das Aufwachen. Und sie haßt es, sich hetzen zu müssen. Nie wird sie vergessen, wie die Tage anfingen, als die Kinder noch klein waren, die bleierne Müdigkeit, wenn der Wecker rasselte, dann die Jungen wecken und anziehen, während sie noch halb schliefen, saubere und trockene Sachen für sie heraussuchen, falls nun welche zu finden waren, sie füttern und sie wieder aufwecken, wenn sie über ihrem Frühstücksbrei eingeschlafen waren, Tee für Jon Randers kochen, der sich hinter seiner Zeitung verbarg, seine verschwundenen Schlipse aufspüren und ihm seine ungebügelten Hemden hinlegen («Was machst du überhaupt den ganzen Tag, Tova?»), die Jungen zur Tagesmutter bringen und dann zur Schule hetzen, einmal war sie ohne Rock unter dem Mantel losgegangen und hatte mit dem Taxi wieder nach Hause fahren müssen, stets kam sie selbst an letzter Stelle, ließ daheim Dinge liegen, die sie unbedingt hätte mitnehmen müssen, hatte immer einen Fleck irgendwo auf dem Pullover und war ganz aufgelöst vor Stress und Hetze, wenn die Schule anfing.

Manchmal träumt sie noch davon. Nie wieder möchte sie ihre Tage so beginnen.

Manchmal hat sie auch verschlafen. Nach durchwachten Nächten, wenn eins der Kinder krank war oder Ängste und Alpträume hatte, während sie selbst in der Sofaecke kauerte, einen Stoß unkorrigierter Klassenarbeiten vor sich. Dann hörte sie den Wecker überhaupt nicht, schlief einfach durch.

Und das war ihre eigene Schuld. Tova kann nämlich keine Wekker leiden. Sie ticken ohrenbetäubend, sie übertönen den Schlaf, dringen bis in die Träume hinein mit ihrem bedrängenden, rastlosen Geräusch, das nie verstummt, tick tack tick tack bis in alle Ewigkeit.

Tova deckt den Wecker zu. Sie legt ein Kissen auf den Sessel, stellt den Wecker darauf und deckt ihn noch mal mit zwei Kissen zu. Wenn sie ihn ordentlich verpackt, hört sie das Ticken nicht mehr.

Und wenn sie richtig müde ist, hört sie auch das Klingeln nicht mehr.

Ein unlösbares Problem. Eins von diesen kleinen Alltagsproblemen, die andere, für Tova viel wichtigere Dinge überschatten.

Aber Jockum hat es gelöst.

Wunderbarer Jockum.

Mitten in all dem Stahlblau dieses Morgens leuchtet es in Tova hell und sonnengelb auf.

Jockum hat seinen ersten Ferienjob bekommen, sechs Wochen als Bote in einer Zeitungsredaktion. Er hat am 2. Juni mit großen Erwartungen dort angefangen, er wollte von der Pike auf lernen, wie eine Zeitung gemacht wird, er wollte die Pausen zwischen seinen Botengängen nutzen, um sich über alles genau zu informieren, wer weiß, was er schon nächsten Sommer für einen Job kriegen kann, wenn er nur die Augen offenhält und zeigt, daß er willig und voller Ideen ist.

Jockum ist in den ersten Wochen sehr erschöpft. Er hat viel zu schleppen, kriegt schwarze Hände von der Druckerschwärze und ist grau im Gesicht, wenn er heimkommt. Er versteht sich nicht mit den anderen Typen, die da arbeiten. Wenn nichts zu tun ist, sitzen sie nur da und quatschen, nutzen die Zeit zu nichts anderem als dem ewigen Tratsch. Über Motorräder und Mädchen, über Kneipen und Filme. Manchmal reden sie nicht mal, hängen nur so herum.

Jockum liest. Er liest Moberg, sämtliche Teile des Romanzyklus über die Emigranten, er liest Chandler und Hubermanns Einführung in den Sozialismus. Er kann es einfach nicht fassen, daß die anderen nur dasitzen und keine Zukunftspläne haben.

Er hat vor, Jurist zu werden. Nur wenn man die Gesetze genau kennt, kann man sie ändern und die Herrschenden kontrollieren.

Davon ist Jockum fest überzeugt.

Und er will etwas verändern. Er will tun, was er kann, um das Unrecht in der Welt zu mindern, er lernt, wie man eine Gruppe organisiert und wie man eine Abstimmung durchführt, er schwankt zwischen Rothemden und Blauhemden, den Fraktionen der Kommunistischen Partei, er geht zu ihren Versammlungen und liest Marx und Lenin.

Abends, wenn er von den Versammlungen heimkommt, redet er mit Tova darüber.

Sie hat manchmal Angst um Jockum. Sie findet, daß ihn diese Aktivitäten viel zu sehr erschöpfen. Der Fanatismus in seinem Blick erschreckt sie. Sie sieht seine verborgene Unsicherheit hinter der strengen Sicherheit, die er nach außen hin zur Schau trägt.

Aber er möchte immerhin mit ihr diskutieren. Darüber ist sie sehr froh. Denn sie haben immer alles miteinander beredet, Jokkum und sie. Auch jetzt will er sie noch dabei haben, er möchte, daß sie über seine Ansichten Bescheid weiß.

Selbst wenn er der Meinung ist, sie sei halbherzig und schwach, ängstlich und unwissenschaftlich, ein ziemlich hoffnungsloser Fall.

Nach den ersten vier Wochen wird Jockum immer stiller. Er merkt, daß viele Redakteure ihn wie Luft behandeln. Für sie besteht er nur aus Händen und Füßen, die Manuskripte und Druckplatten herumtragen und ihre Briefe und Interviews weiterbefördern. Wenn sie ihn noch brauchen, nachdem seine Arbeitszeit abgelaufen war, spielt es keine Rolle, ob er müde ist und nach Hause will, er hat ganz einfach dazubleiben. Sie haben ein Recht darauf. Sie haben den höheren Lohn und sitzen am längeren Hebel.

Und dann hört Jockum auf zu lesen. Er schafft es nicht mehr. Irgendwo mitten in Harry Martinsons «Kap Lebewohl» bleibt er stecken und kommt nicht mehr weiter, wie spannend es auch ist.

In den Pausen setzt sich Jockum nun zu den anderen und quatscht mit ihnen. Oder schweigt mit ihnen. Die monotone Arbeit macht ihn kaputt. Das Gehirn kann nicht mehr denken, wenn die Beine bleischwer sind und das T-Shirt grau und schmierig von Schweiß und Schmutz und frischer Druckerschwärze.

Aber er kriegt Geld dafür. Er kriegt seinen ersten Lohn. Und von seinem ersten Lohn möchte er auch Tova etwas schenken.

Er sagt nicht, was es ist. Er sagt nur, daß es ein Geheimnis ist und daß sie es erst an ihrem Geburtstag auspacken darf, einen Tag nachdem er und Mick zu ihrem üblichen Sommerbesuch bei Jon gefahren sind. Das Päckchen liegt da und wartet auf den 16. Juli, Tovas vierzigsten Geburtstag.

Sie macht es am Abend nach ihrer Abreise auf.

Ein Wecker. Ein elektrischer Wecker, der nicht tickt. Lautlos steht er da mit seinem Kabel, und das Uhrwerk läuft und läuft, ohne daß etwas zu hören ist, weiß und schön ist er, der schönste, der überhaupt aufzutreiben war.

Und sein Klingeln ist richtig hübsch, hör dir's mal an, Tova, viele Grüße, dein Jockum.

Niemand auf der Welt ist so fürsorglich wie ihr Jockum. Sie freut sich so, daß sie ein paarmal schlucken muß, und trotzdem kommen ihr die Tränen. Vor dem Schlafengehen stellt sie die Zeit ein, und es ist das sanfte Summen von Jockums Uhr, das Tova am Morgen ihres vierzigsten Geburtstags weckt.

Aber heute kommt sie seinem Klingeln zuvor. Tova ist plötzlich hellwach.

Jetzt weiß sie, was es ist. Jetzt hat sie die Erklärung für dieses Gefühl hinter den Augen. Jetzt ist die Erinnerung wieder da.

Sie stöhnt.

Sie dürfen es auf keinen Fall erfahren. Was auch geschieht, die Jungens müssen aus dieser Sache rausgehalten werden. Es darf keine Schlagzeilen geben. Und daher auch absolut keine Anzeige bei der Polizei.

Jockum darf niemals erfahren, was ihr passiert ist, und Mick genausowenig. Das bedeutet, daß auch Jon Randers nichts davon wissen darf.

Tova hält es im Bett nicht mehr aus, obwohl sie noch zehn Minuten liegenbleiben könnte. Lieber nimmt sie ein kühles Bad. Sie denkt nicht viel über die letzten beiden Tage nach. Aber ihre Bewegungen sind schneller als sonst, richtig hektisch, obwohl sie viel Zeit hat.

Als sie schon zur Tür hinaus ist, bleibt sie stehen.

Dann kehrt sie um und geht wieder hinein. Sie geht in die Küche, und aus dem Besteckkasten nimmt sie ein neues Brotmesser, das lang und scharf ist. Sie wickelt es in ein Geschirrtuch, das mit Kräutern bedruckt ist: Salbei, Oregano, Majoran, Ysop, Wermut, Thymian. Dann legt sie es in ihren Weidenkorb, unter den

Schal, die Sonnenbrille und die beiden Äpfel, die sie als Proviant mitnimmt.

Tova weiß nicht genau, was sie eigentlich mit dem Messer will. Aber sie spürt, daß sie es braucht. Von jetzt an wird sie es immer bei sich tragen.

Zum Brotschneiden muß sie sich ein anderes kaufen.

An die Innenseite ihrer Schranktür in der Bibliothek hat Tova einige Zeitungsausschnitte geklebt. Und dazu noch etwas anderes, nämlich einen alten Buchumschlag. *Ihre Vergangenheit* steht in verschnörkelten Buchstaben darauf, es ist die Übersetzung eines Romans von Jakob Wassermann. Tova hat das Buch im Schaufenster eines Antiquariats gesehen, ist gleich hineingegangen und hat es für ein paar Groschen gekauft.

Nicht wegen des Autors; sie hat noch nie etwas von Jakob Wassermann gehört. Aber wegen des Titels, und wegen des Umschlagbildes.

Eine rotgekleidete Frau kniet demütig vor einem Mann, umklammert ihn mit einer flehenden Gebärde. Zerknirscht blickt sie zu ihm auf. Ihr Kleid ist tief dekolletiert, die Haut sticht leuchtend weiß und zart von dem roten Ausschnitt ab.

Der Mann trägt einen Frack. Er sieht sie nicht, sein Blick ist in die glanzvolle Zukunft gerichtet, die zweifellos vor ihm liegt. Wird er ihr verzeihen? Wird sie trotz ihrer Verworfenheit diese Zukunft mit ihm teilen dürfen?

Männer im Frack sind selbstverständlich edel. Bestimmt wird ihr auf der letzten Seite verziehen.

Tova weiß nicht, ob es so ist, denn sie hat Jakob Wassermanns Buch nicht gelesen. Fasziniert starrt sie dieses Titelbild an, das sie mit Klebstreifen an der Schranktür befestigt hat. Mindestens zweimal täglich, wenn sie zur Arbeit in die Bibliothek kommt und wenn sie wieder geht, wirft sie einen Blick auf diese verhängnisvolle Vergangenheit.

Daneben hängt ein Zitat von Alexandra Kollontai: «Liebe und Leidenschaft sind wichtige Dinge, aber sie dürfen nicht zur Hauptsache im Leben einer Frau werden.»

Manchmal sind diese Worte eine Erinnerung und eine Warnung.

Manchmal wirken sie schrecklich belehrend.

Hin und wieder sind sie auch der reinste Hohn.

Es kann vorkommen, daß Tova einen ganzen Tag lang ein Zwiegespräch mit Alexandra Kollontai führt. Dafür und dagegen argumentiert. Wenn und aber. Und trotz allem. Wichtig. Hauptsache.

Heute kommen ihr Alexandras Worte so selbstverständlich vor, daß sie nickt.

Doch den ganzen Vormittag über, während sie unter 1. 4. finnische Belletristik katalogisiert, kreisen ihre Gedanken um die Vergangenheit der rotgekleideten Frau.

Heute sieht sie das Titelbild zum erstenmal ganz anders als sonst. Oder vielleicht wird ihr erst jetzt bewußt, was sie von Anfang an gesehen, aber nicht zu Ende gedacht hat.

Das Buch heißt zwar *Ihre Vergangenheit*, und es ist das kirschrote Kleid, das die Blicke auf sich zieht. Aber ihre Vergangenheit betrifft ja gar nicht die Frau selbst. Sondern *ihn*, den Mann im Frack. *Seine* Ehre steht auf dem Spiel.

Die Entschlossenheit in seinem Blick gilt keineswegs ganz allgemein der Zukunft, die er sich erobern will. Er blickt seinem Rivalen ins Auge. Direkt außerhalb des Bildes steht er, dieser Frevler, der die dekolletierte Frau mit der zarten weißen Haut geschändet hat. Der sie aufs Handgelenk geküßt oder ihr leidenschaftliche Liebesbotschaften geschickt oder sie überredet hat, ein verheißungsvolles Spitzentaschentuch hinter dem Magnolienbusch fallen zu lassen, oder etwas Ähnliches.

Deshalb blickt er starr nach rechts aus dem Bild heraus. Sein Eigentum ist bedroht. Man hat ihm seinen rechtmäßigen Besitz streitig gemacht. Man hat ihn beleidigt. Jemand hat sein Eigentum gesehen und hat es begehrt, hat seine Frau mit schönen Worten umgarnt, hat ihr süße wilde Träume vorgegaukelt, und natürlich hat sie in ihrer Verwirrung die Augen niedergeschlagen, hat ihn glauben gemacht, sie werde ihm zu Willen sein und ihren befrackten Herrn und Meister verraten. Er ist bestohlen worden.

Selbst wenn es nicht zum Schlimmsten gekommen ist, selbst wenn überhaupt nichts passiert ist, so ist er doch bestohlen worden. Der Verdacht allein genügt, die Spur eines Verdachts, daß seine Frau sich möglicherweise von ihm abwenden könnte. Es genügt, daß jemand glaubt, seine Frau könnte ihm einen anderen Mann vorziehen. Der Schatten eines solchen Gedankens ist schon genug.

Er ist in seiner Ehre gekränkt.

Nichts kann die Schande auslöschen, die ihm widerfahren ist.

Und selbstverständlich fordert er diesen Flegel zum Duell im Morgengrauen heraus.

Egal wer siegt, die Ehre ist gerettet. Die Hemdbrust ist ohne Fleck und Tadel.

Im Nu sieht Tova alles in einem ganz neuen Licht.

Es ist Jon, den sie vor sich sieht. Sie weiß, daß dies alles viel mehr mit Jon Randers zu tun hat als mit ihr selbst oder mit B. und ihr. Jon Randers hat sie zwar verlassen, er ist fortgegangen. Aber niemand ist an seine Stelle getreten. Und er mißbilligt heute noch vieles von dem, was sie tut. Wenn er davon erfährt.

Noch den ganzen Tag über, während Tova neue Leserausweise ausfüllt und Adressen in der Kartei ändert, spürt sie irgendwo in der Nähe den Schatten von Jon Randers.

Sie verkürzt ihre Mittagspause, damit sie heute früher nach Hause gehen kann. Sie geht hinter die Zentralkartei und ißt dort ihre Äpfel. Agneta sitzt da und sucht Material für einen Doktoranden heraus, der über die Frau des berühmten finnland-schwedischen Dichters Zacharias Topelius promoviert. Er braucht alles, was von ihr und über sie geschrieben worden ist.

«Meine Güte, als ob es die Welt verändern würde, was diese Emilie vor hundert Jahren gemacht hat», seufzt Agneta. «Über alles müssen sie sich auslabern. Damit sie dann einen Titel kriegen und ein besseres Gehalt. Darum geht es doch nur.»

Dann wirft sie einen mißtrauischen Blick auf Tovas Äpfel.

«Willst du abnehmen?» fragt sie.

«Muß nur ein bißchen am Haushaltsgeld sparen», sagt Tova leichthin. Sie hat keine Lust, sich jetzt auf ein eingehendes Gespräch mit Agneta einzulassen. Vorläufig muß sie alles für sich behalten. Bis sie weiß, was sie tun soll.

Eigentlich mag sie Agneta sehr gern, und auch noch einige andere von den Kolleginnen. Obwohl sie findet, daß sie sich nie besonders nahe kommen. Sie haben zwar eine Art von Gemeinschaft, aber die bleibt doch sehr an der Oberfläche. Und darunter lauert immer der Neid.

Agneta ist eine von denen, die ihn zu spüren bekommt. Über ihre Kleider werden Bemerkungen gemacht, sie kann sich viel öfter etwas Neues leisten als die Bibliotheks-Assistentinnen, da sie Diplom-Bibliothekarin ist und einen Mann hat, der gut verdient und ein kleines Vermögen besitzt. Das kriegt Agneta oft zu hören.

Dafür hält sie ein bißchen Abstand von den anderen, vielleicht ist sie auch der Meinung, daß eine Diplom-Bibliothekarin etwas

Besseres ist als die Assistentinnen, die eine viel schmälere Ausbildung haben.

Mit Agneta kann man aber wenigstens über Bücher reden. Das tut Tova oft. Von den anderen in der Ausleihe interessiert sich kaum eine für die Bücher, die durch ihre Hände gehen.

Tova findet das sehr merkwürdig. Für sie war das der Grund, sich hier zu bewerben, nachdem sie an der Schule aufgehört hatte. Sie wollte unter Büchern sein und unter Leuten, für die Bücher wichtig sind. Sie versucht manchmal, mit den Mädchen in der Ausleihe über die letzten Neuerscheinungen zu diskutieren, wenn gerade kein Betrieb ist.

«Komm uns bloß nicht mit Büchern», stöhnen sie dann. «Man kann wirklich nicht mehr an Bücher denken, wenn man schon den ganzen Tag damit zu tun hat.»

Sie reden lieber darüber, wo man in dieser Woche billig Kaffee kaufen kann. Sie suchen in den Anzeigen nach Sonderangeboten und wissen genau, wo man einkaufen muß, damit das Gehalt für möglichst viele Dinge reicht. Sie essen abends zu Hause nichts mehr, sondern leben vom Kantinenessen, das dick macht, ohne zu sättigen.

Und außerdem reden sie über Leute. Über Scheidungen, über Schlagersängerinnen, die ein Kind erwarten, über Prinzessinnen, die heiraten.

Dabei glucken sie immer in einem Haufen zusammen.

Es ist viel besser, wenn man mal mit einer von ihnen allein spricht. Dann merkt Tova, daß diese ganze Tratscherei eigentlich etwas anderes ist, als sie dachte. Eine Mauer, hinter der man sich versteckt. Hinter der man seine persönlichen Probleme versteckt, den Ärger mit dem Übergewicht, mit Kindern und Männern, die Sorge ums Geld und die Ängste vor dem kommenden Tag und dem kommenden Jahr.

Und außerdem soll das Getratsche verdecken, daß sie keine eigene Meinung haben, weil ihnen die Zeit oder die Kraft fehlt, Bücher und Zeitungen zu lesen und sich darüber zu informieren, was in der Stadt und im Land und in der Welt passiert. Wie soll man über Portugal und Chile urteilen, woher soll man den Mut nehmen, seine Meinung zu sagen, wenn man seiner selbst noch nicht sicher ist, wenn man gerade erst anfängt, sich ein Urteil zu bilden?

Tova fühlt sich meistens ziemlich allein an ihrem Arbeitsplatz. Es ist genauso wie früher im Lehrerzimmer, wo sie auch gern mit den Kollegen besprochen hätte, was sie liest und was sie denkt und meint. Aber niemand ist darauf eingegangen. Die anderen spielten lieber Schiffe versenken oder redeten über die besonders dummen oder besonders klugen Antworten ihrer Schüler, oder sie klatschten über die Mütter der Schüler, wie sie angezogen waren und wie sie sich gaben. Die Mädchen in der Bibliothek machen es auf ihre Art ganz genauso.

Es herrscht auch Mißtrauen unter ihnen. Hinter dem freundlichen Umgangston lauert die Angst, ausgeschlossen zu werden, weniger beliebt zu sein als die anderen und nicht so viel Erfolg zu haben. Sie sind stets darauf bedacht, eine hübsche Fassade zu zeigen, weil sie fürchten, sonst nicht mithalten zu können.

Tova selbst freut sich jedesmal richtig auf die Personalversammlungen, die die neue Chefin eingeführt hat, obwohl sie eigentlich bisher kaum zu konkreten Ergebnissen geführt haben. Immerhin ist es ein winziger Kontakt über die Schranken der Hierarchie hinweg: zwischen Bibliothekarinnen und Hilfskräften, zwischen Verwaltungsleuten und Garderobieren, zwischen Aufsichtspersonal und den Mädchen aus der Kantine. Ein kleiner Einblick in den Alltag der anderen unter all diesen Büchern.

Die einen stauben die Bücher ab, die anderen stempeln die Buchkarten, wieder andere schreiben die Gehaltsabrechnungen, auf denen der Wert der einen oder anderen Arbeit in Zahlen bemessen wird. Sie alle haben ihre eigene Vorstellung davon, wie die Arbeit sinnvoller gemacht werden könnte, und Tova findet es gut, all diese verschiedenen Gesichtspunkte auf den Personalversammlungen zu hören.

Eva dagegen meint, es sei doch nur verlorene Zeit, und Agneta murmelt irgendwas von Scheindemokratie. Wahrscheinlich haben beide recht, aber für Tova haben die Versammlungen trotzdem einen Sinn. Ein bißchen Menschlichkeit und Wärme zwischen all den verstaubten Regalen. Andere Perspektiven als gewöhnlich in diesem alten Gebäude mit den abgetretenen Treppen.

Eigentlich sind Eva und Agneta ihr bei den Personalversammlungen fremder geworden. Über das rein Berufliche hinaus haben sie weniger gemeinsame Interessen, als sie gedacht hat. Die beiden haben sich hinter ihrem beruflichen Status verschanzt. Während beispielsweise der alte Lektor Nordman, der bald in Pension ge-

hen wird, allen Vorschlägen gegenüber viel offener ist und gar
nicht als die Respektsperson auftritt, für die Tova ihn lange gehalten hat.

Aber sie arbeitet nun mal mit Eva und Agneta zusammen. Und es
gäbe auch die Möglichkeit, einen besseren Kontakt zu schaffen.
Aber das will Tova nicht. Dazu müßte sie mehr von sich selbst
preisgeben, als sie es bisher getan hat. Und gerade heute ist sie
überhaupt nicht bereit dazu. Sie möchte nichts besprechen, was
über die Katalogisierung hinausgeht.

Sie möchte auch nichts davon erzählen, daß sie vor einiger Zeit
die neue Bibliothekarsleiterin in der Straßenbahn getroffen hat.
An diesem Tag hatte sie gerade ihre Migränetabletten genommen,
die sie immer sehr gesprächig und aufgedreht machen, und da hat
sie über die Bibliothek, über Personalfragen und die bevorstehende Rationalisierung geredet, ist mit Kommentaren und Vorschlägen gekommen und hat die Chefin mit ihren Ideen förmlich
überschüttet. Obwohl die doch immer so reserviert war vor lauter Angst, man könne ihr vorwerfen, daß sie jemanden bevor-
zuge.

Als Tova ausgestiegen war und sich auf den Heimweg machte,
schämte sie sich ein bißchen. Ob die Chefin glaubte, sie hätte sich
eifrig und beflissen und vertraulich zeigen wollen, um bei ihr
Eindruck zu schinden?

Brr.

Agneta würde bestimmt glauben, Tova habe es darauf angelegt.
Und vielleicht hätte sie gar nicht so unrecht damit? Manchmal ist
Tova wirklich etwas übereifrig, das sieht sie selbst ein. Und viel-
leicht sind nicht nur die Migränetabletten daran schuld.

Sie muß erst noch mal gründlich über die ganze Sache nachdenken. Bevor sie mit Agneta oder mit sonst jemand darüber
spricht.

Der Tag geht schnell vorbei, und Tova hat immer noch dieses
stahlblaue Gefühl, als sie die Plastikhülle über die Schreibmaschi-
ne stülpt. Heute hat sie einundzwanzig neue Benutzerausweise
ausgestellt und damit lesehungrigen Leuten Zugang zu den Regalen und ihrer Welt verschafft.

Jetzt läßt Tova diese Welt hinter sich. Sie verabschiedet sich rasch
von den anderen und begibt sich in die sommerliche Stadt
hinaus.

Tova hat zunächst Schwierigkeiten, die Stenhuggaregatan zu finden, obwohl sie glaubt, die Innenstadt so gut zu kennen wie ihre Schürzentasche. Es muß irgendwo in der Nähe vom Smedsplan sein, dem Platz, auf dem sie einst Zuschauerin bei einem Schlagballspiel zwischen den Jungen aus den Stadtvierteln Tölö und Eira war, bei dem Bjarne aus der Runebergsgatan ein Schlagholz so hart vor den Kopf geknallt kriegte, daß er ohnmächtig wurde. Aber die Mannschaft von Tölö siegte trotzdem.

Hier irgendwo muß es sein, eine der Straßen, die die Robertsgatan kreuzt. Sie ist an jenem Morgen bestimmt im Kreis herumgelaufen – war es wirklich erst gestern? Der Weg kam ihr viel länger vor als jetzt. Am liebsten würde sie jetzt auch rennen, in die entgegengesetzte Richtung. Nur weg. Aber sie zwingt sich, weiterzugehen.

Noch weiß sie nicht, warum, aber Jon Randers ist ihr plötzlich näher als seit vielen Jahren. Als ob sie sich hinter ihm verstecken könnte. Als ob er dieses Duell für sie austragen müßte.

Aber das tut er ja nicht. Es gibt niemand, der ihre Duelle für sie austrägt. Aber sie hat ihr Brotmesser dabei.

Also gut.

Sie findet das Haus, sieht sich rasch um und geht hinein. Bleibt lauschend im Treppenhaus stehen. Nichts zu hören. Es ist erst kurz vor drei, nachmittägliche Stille, erfrischend kühl nach der sengenden Hitze draußen, die sie auch in sich selbst spürt. Es riecht ein bißchen nach Keller. Eigentlich mag sie Kellergeruch gern. Aber nicht hier. Sie möchte so schnell wie möglich wieder raus.

Sie läßt ihren Blick über die Namensschilder wandern. Peltonen, Kauhanen, Strandberg, Oksanen, Wester, Niemi.

Keiner davon sagt ihr etwas. Sie kann sich nicht erinnern. Sie muß an der Wohnungstür nachsehen.

Vorsichtig geht sie die Treppen hinauf. Der ganze Schrecken ist wieder da. Er überfällt sie, als stecke er noch in den Wänden. Die Hilflosigkeit. Die Machtlosigkeit. Das Grauen, weil niemand weiß, daß sie hier ist.

Genau wie letztes Mal. Da wußte es auch niemand.

Was soll sie tun, wenn er plötzlich vor ihr steht?

Sie muß sich im zweiten Stock an die Wand lehnen, als ihr dieser Gedanke kommt. Auch diesmal hat sie niemand gesagt, wohin sie geht. Was soll sie tun, wenn er kommt? Er muß ja denken, sie hätte noch nicht genug gekriegt

mein Gott, stimmt das etwa???

Sie stürzt in heller Panik die Treppen hinunter, nur raus, weg hier und um die nächste Ecke herum.

Dann bleibt sie stehen.

In der Rödbergsgatan gibt es ein Café. Dort setzt sie sich hin und rührt mit dem Löffel in einer Tasse Kaffee, die sie sich an der Theke geholt hat. Sie starrt in die braune Flüssigkeit hinab, als wolle sie im Kaffeesatz lesen, rührt und rührt, trinkt aber keinen Schluck.

Es gibt keine vergewaltigten Frauen, hat sie gelesen. Es gibt nur Frauen, die sich herausfordernd kleiden, sich herausfordernd bewegen, herausfordernde Blicke werfen, herausfordernde Gedanken haben.

Und wer hat gesagt, daß es so ist?

Wer hat ein Interesse daran, so etwas zu behaupten?

Das wäre wirklich zu einfach. Was für eine wunderbare Erklärung, was für eine Rechtfertigung aller möglichen Arten von Gewalt.

Die Leute wollen ja leiden. Sie wollen in den Kohlengruben arbeiten, sie riskieren gern Einstürze und Giftgase und Staublunge und Akkordhetze, sie betteln förmlich um Tigerkäfig und Tortur.

Die Schwachen lassen sich gern knechten.

Die Hilflosen muß man wegen ihrer Hilflosigkeit hassen, sie wollen es nicht anders.

Die Frauen lassen sich gern unterjochen und unterdrücken, sie wollen vergewaltigt werden und im Kindbett sterben.

Tova läßt den Kaffee stehen. Sie geht ruhig hinaus, um die Ecke herum, zur Haustür der Nummer 5 B hinein, fährt mit dem Aufzug in den vierten Stock. Sie läßt die Tür des Aufzugs offen und geht zur letzten Wohnungstür auf der rechten Seite.

Martti Wester.

Tova fährt mit dem Aufzug wieder hinunter.

Jetzt weiß sie, wie er heißt, sie hat seinen Namen, und das gibt ihr gleich das Gefühl, ihm besser gewachsen zu sein. Als ob die Tatsache, daß er Martti Wester heißt und sie das weiß, ihr Macht über ihn gäbe, wenigstens ein ganz klein bißchen.

Wieder fragt sie sich, was Jon mit dieser Sache zu tun hat.

Während sie langsam heimwärts geht, denkt sie darüber nach. Wie sie auf ihren Namen verzichtet hat und er ihr seinen Namen gab. Wie sie ein Teil von Jon Randers wurde, so etwas wie Vorderbeine, die herumlaufen und dies und jenes tun konnten, oder irgendein anderes Teil, das im Bauch und auf den Armen Kinder tragen konnte. Was immer sie tat, es war stets auf ihn bezogen, was sie auch machte, war gut oder schlecht für Jon Randers.

Söhne gebären. Gut.

Geschichtsunterricht geben. Schlecht.

Ihre Freiheit haben. Gut und Schlecht.

Gut, weil er möchte, daß sie tut, was sie will. Er tut ja auch genau das, was er will. Verreist und kommt wieder nach Hause, hat seine eigenen Freunde, trinkt oder trinkt nichts. Schubst sie praktisch aus dem Haus, damit sie andere Leute kennenlernt, möchte wissen, daß sie wirklich heimkommen will und nicht nur zu Hause ist, weil sie muß, er möchte auch wieder zu ihr heimkommen, erzählt ihr freudig, daß er trotz allem zu ihr zurückkommen und zu Hause bleiben möchte, und darauf soll sie stolz sein.

Das ist Freiheit. Und Freiheit ist eine feine Sache. Jon gibt ihr mehr Freiheit, als sie haben will.

So war es am Anfang.

Später, als sie ihre beiden kleinen Jungen betrachtet, während sie schlafen, der eine neugeboren, der andere knapp zwei Jahre alt, weiß sie überhaupt nicht, was sie mit der Freiheit anfangen sollte, von der er spricht. Die Freiheit ist hier, Freiheit ist Geborgenheit und die Gewißheit, daß die beiden Kinder ruhig und friedlich schlafen, daß sie wachsen und gedeihen und zu sprechen anfangen und Zähne kriegen.

Freiheit ist für ihn, verschwinden zu können, wenn die Kinder schreien, wenn sie krank sind, wenn sie gefüttert oder gebadet werden müssen.

Freiheit ist für sie, sich schlafen zu legen, wenn sie es dringend nötig hat. Damit sie es schafft, ihren Unterricht an der Schule zu geben, sich um die Jungen und den Haushalt zu kümmern und für Jon Randers da zu sein.

Es kommt eine Zeit, da bedeutet es die größte Freiheit für sie, die Tür hinter sich zuzumachen und zur Arbeit zu gehen. Als sie sich eingesperrt fühlt zwischen den ewig feuchten Gummistiefeln, den ewig an den Knien durchgescheuerten Hosen, den niemals kleiner werdenden Haufen von Schmutzwäsche. Als Jons Geschäftsreisen immer länger werden und die Abstände dazwischen immer kürzer und sie sich immer weniger zu sagen haben.

Bis auf das eine: Er will, daß sie mit der Schule aufhört. Und das will sie nicht. Er meint, daß einer von ihnen zu Hause sein muß, und er kann das ja nicht sein. Sie meint, wenn er selbst nicht zu Hause bleiben kann, darf er es auch von ihr nicht verlangen.

Er findet es unnötig, daß sie sich strapaziert, wo er doch für ihren Unterhalt sorgen kann. Sie findet, daß er keine Ahnung hat, wovon er redet.

Er kann sie mit Essen und mit Ansichten über alles und jedes versorgen, ihr Häuslichkeit und ein zufriedenes Leben bieten. Das Maß an Freiheit, über das sie verfügt, hat er ihr gegeben.

Unter diesen Bedingungen will sie die Freiheit nicht.

Er erzählt ihr alles, was er denkt und was er macht und was er vorhat. Sie will gar nicht alles wissen, was er gemacht hat, und schon gar nicht, was er vorhat und mit wem und wann und wo.

Und das sagt sie ihm auch.

«Ich habe es satt, mir anzuhören, wie sie lächeln und was sie sagen und was du mit ihnen machst», sagt sie. «Ich halte das nicht aus. Bitte erzähl mir nichts mehr davon.»

Er kann überhaupt nicht verstehen, was sie damit meint. Wo er doch trotzdem immer gern zu ihr zurückkommt. Da muß sie doch begreifen, daß sie ihm viel mehr bedeutet. Sie und die Jungen.

Er ist für Offenheit. Er will ganz offen zu ihr sein. Immer wieder dreht er das Messer in offenen Wunden herum, so daß sie nie in Ruhe heilen können. Er hat nichts zu verbergen, und gerade deshalb kann er tun, was er will.

Er lügt sie niemals an.

Für sie ist es Ehrensache, den lieben langen Tag zu lügen.

Als Tova merkt, daß sie ihm nicht einmal sagen kann, wie sehr er sie quält und wie schwer es ihr fällt, seine sogenannte Offenheit zu ertragen, deren Kehrseite Rücksichtslosigkeit ist, als sie merkt, daß sie davor zurückschreckt, ehrlich zuzugeben, wie sehr sie das belastet und zu Boden drückt, versucht sie es nicht einmal mehr.

Tova weicht aus. Sie macht die ewig gleiche Runde zwischen Küche, Kinderzimmer und Bad, Supermarkt, Park und Tagesmutter, zur Schule und wieder zurück, immer außer Atem, gehetzt und gestresst. Und jeden Abend sitzt sie auf ihrem Stuhl, sieht Stöße von Heften durch, korrigiert Klassenarbeiten, strickt und stopft. Aber sie sagt nichts mehr. Sie versucht nicht mehr, Jon Randers klarzumachen, was für sie wichtig und wesentlich ist, was sie quält, was sie froh und glücklich macht.

Er weiß ja, daß es ihr keinen Spaß macht, seine Kleider hinter ihm wegzuräumen, Tee zu kochen, den Tisch zu decken, Geschirr zu spülen und zu putzen. Das sind für ihn doch nur Kinkerlitzchen, ihm ist es egal, ob sie es ungerecht findet, daß sie die Dreckarbeit machen muß.

Er hat ein höheres Einkommen und zahlt mehr Steuern.

Sie hat viel mehr Übung in diesen Dingen. Und sie ist mehr zu Hause als er. Wenn er zu Hause ist, möchte er gern ein bißchen umsorgt und verwöhnt werden.

Und sie schafft es einfach nicht, ihm klarzumachen, daß es nicht die geringste Rolle spielt, wer dies oder jenes tut, wer mehr Geld verdient und wer das größere Schlafbedürfnis hat und wer unbedingt in Ruhe Nachrichten hören und Zeitung lesen und sich über die Weltpolitik informieren muß. Daß es sich letztlich überhaupt nicht darum dreht.

Sondern daß es vielmehr auf die Einstellung ankommt, die dahintersteht. Daß es eben nicht schnurzegal ist, wie der andere seine Zeit einteilt und worauf er besonders empfindlich reagiert. Denn dann ist er einem überhaupt egal. Der andere Mensch.

Tova weicht Jon Randers aus. Sie sagt keinen Ton über ihre Freuden und Sorgen, sie behält ihre Ansichten und Gefühle für sich. Das alles interessiert ihn offenbar gar nicht. Wichtig ist für ihn, eine Frau zu haben, zu der er heimkommen kann, die einfach da ist, die ihm gehört und ihm zuhört, zu der er offen sein kann und die er nie zu belügen braucht.

Ob diese Frau nun Tova ist oder eine andere, spielt vielleicht gar keine so große Rolle. Denkt Tova. Was spielt es schon für eine Rolle, wer seine offenen Bekenntnisse in der Dunkelheit entgegennimmt? Wer der Zaun ist, über den er klettern muß, um sich zu beweisen, daß er eine Freiheit hat.

Was Jon Randers Freiheit nennt, ist für ihn viel wichtiger als für Tova. Das glaubt sie zumindest.

Als B. und sie später merken, daß sie einander viel zu sagen haben und mehr als das: daß sie vieles zusammen tun möchten, ganz für sich allein, ohne Jon und ohne Inger, die mit B. verheiratet ist, beschließt Tova, nun doch ihre Freiheit zu nutzen. Und das ist schlimm für Jon Randers.

Es muß ja schlimm für ihn sein. Eine Frau zu haben, die sich dieselben Freiheiten nimmt wie er selbst, ist nicht gerade das, was ein Mann sich erträumt. Aber komischerweise tut es Jon Randers' Ehe gut.

Tova ist dreiunddreißig, und sie hat noch nie so gut ausgesehen wie jetzt. Sie ist fröhlicher und ausgeglichener als je zuvor, zieht sich geschmackvoller an und ist ein paar überflüssige Kilo losgeworden, die Jon bisher nicht einmal bemerkt hat. Sie hat auch nicht mehr dieses Bedürfnis, ihm ständig zu widersprechen.

Sie ist jetzt viel weniger aggressiv, findet Jon.

Das ist auch kein Wunder. Sie pfeift darauf, welche Ansichten er von ihr erwartet. Je idiotischer seine Erwartungen ihr vorkommen, um so eifriger stimmt sie zu. Sie nickt Beifall, lächelt, ist ganz seiner Meinung.

Sie kann es sich leisten. Denn in Wirklichkeit sitzt sie ihm gar nicht im Sessel gegenüber, vor sich die Teetasse, moosgrün angezogen, weil er diese Farbe besonders gern an ihr sieht. Sie ist weit fort, mit B. zusammen. Sie streichelt seinen Rücken und hat überhaupt nichts an und redet über alles, was ihr in den Sinn kommt, über alle Bücher, die sie liest, über die Kinder in der Schule, was das eine oder andere von ihnen gesagt hat, wie sie ihre Schüler dazu bringen will, vieles selbst herauszufinden, ohne daß sie mit dem Zeigefinger darauf deutet und ihnen die Entdeckerfreude nimmt.

Schließlich weiß sie selbst nur zu gut, wie es ist, wenn man alles fertig präsentiert bekommt. Dann haßt man sogar manches, was einem sonst sehr gefallen hätte. Wenn man nur die Möglichkeit gehabt hätte, es selbst ausfindig zu machen.

An der Kreuzung zwischen der Norra Järnvägsgatan und der Runebergsgatan weiß sie endlich ganz genau, warum Jon sie während dieses ganzen Tages verfolgt hat. Er hat noch einmal ein Duell auszutragen.

Denn Jon hat schon einmal um sie gekämpft, obwohl er nie erfahren hat, worum es eigentlich ging. Sie fragt sich, ob es ihn glücklicher oder unglücklicher gemacht hätte, es zu wissen.

Jon ist großzügig. Nicht nur mit dem Schmuck, den Pullovern und den Handtaschen, die er ihr von seinen Reisen mitbringt und die sie einmal trägt und dann weglegt, um sie nach gebührender Zeit zu verschenken. Er ist auch auf andere Weise großzügig. Er will ihr ihre Freiheit lassen. Aber da sie alle seine Angebote ablehnt und ihm erklärt, sie sei ganz zufrieden damit, wie es ist, beschließt er, ihr eine abwechslungsreichere Kost zu bieten, in aller Ehrbarkeit und im engsten Freundeskreis.

Er sagt Tova nichts davon, was er im Sinn hat, als er vorschlägt, ihre Freunde B. und Inger am Samstag zum Essen einzuladen. Tova freut sich sehr darüber, sie ist über jede Gelegenheit froh, B. zu sehen, und daß Inger dabei ist, macht ihr nichts aus, daran ist sie seit vielen Jahren gewöhnt, sie kann Inger gut leiden, und sie glaubt, daß es umgekehrt auch so ist.

«Vielleicht sollten wir auch mal jemand anders einladen», sagt sie.

Aber das interessiert ihn nicht, wie sie weiß. Deshalb hat sie es auch gesagt, und deshalb besteht sie auch nicht weiter darauf. Sie tut nichts, um das zu verhindern, was jetzt geschehen wird.

Als die sechziger Jahre in die siebziger übergingen, geriet vieles ins Wanken. Selbst in kleinbürgerlichen Kreisen mit intellektuellem Anspruch war es nicht ungewöhnlich, daß man mal richtig über die Stränge schlug. Jon ist in den USA gewesen, und Tova hat Updikes «Ehepaare» gelesen, und sie haben Freunde in Stockholm, die jedes Wochenende Partnertausch machen.

An sich ist es also gar nicht so merkwürdig, daß Jon ihnen zum Anwärmen noch einen Schnaps einschenkt, den dritten.

Und daß er nach dem Essen die großen Cognacschwenker hervorholt, mit den französischen Automarken drauf, die er sonst so ängstlich hütet, weil er sie direkt vom Importeur bekommen hat. Jetzt füllt er sie bis zur Hälfte des Bildes und gibt sich munterer als üblich.

Er umarmt Inger, als er sagt: «Jetzt wollen wir uns ein bißchen hinlegen nach dem vielen Essen und es uns richtig gemütlich machen, wir vier.» Aber es ist Tova, die er dabei ansieht.

Und Tova weiß, daß sie jetzt auf keinen Fall B. ansehen darf.

Sie sieht B. kein einziges Mal an. Sie schaut nur Jon an und sagt, sie wolle jetzt abdecken und noch etwas Kaffee kochen, und sie selbst sei kein bißchen müde und brauche sich nicht hinzulegen.

Es hätte klappen können, denn B. tut so, als sei er dagegen und wolle sich herausreden, aber Tova hört, daß seine Ausflüchte hohl klingen und daß er sich eigentlich auf die Sache einlassen möchte, wie kann er es nur wagen, denkt sie, sie selbst würde am liebsten weglaufen, das kann nicht gutgehen, sie kann zwar mit Worten lügen und ihre Miene, ihren Gesichtsausdruck verstellen, sie bringt eine ganze Menge fertig. Aber ihre Bewegungen, ihre Leidenschaftlichkeit, ihr totales Aufgehen in B., sie will ja nur ihn und niemand anders – wie sollte sie das schaffen.

Es hätte geklappt, wenn Inger nicht gewesen wäre.

Wenn Inger nicht irgendwie geahnt hätte, daß hier etwas in der Luft lag. Inger weicht keinem Problem aus, und deshalb mag Tova sie auch so gern.

Inger hat sich dafür entschieden.

B. sagt nichts, um Tova aus der Klemme zu helfen, was denkt er sich überhaupt?

Sie weiß, was er sich denkt, und das macht die Sache nicht leichter. Sie hat keine andere Wahl.

Rasch verdrückt sie sich in die Küche, und statt die Teller unter dem Wasserhahn abzuspülen, läßt sie sich kaltes Wasser über die Handgelenke laufen, in denen der Puls klopft.

Pfeifend kommt B. mit ein paar Gläsern in der Hand in die Küche hinaus, er läßt sie gegeneinander klirren und stößt gegen Stühle, während er ganz nahe an sie herankommt und ihr zuflüstert, er habe solche Sehnsucht nach ihr, dies sei die einzige Möglichkeit heute Abend gewesen, sonst müßten sie bis Montag warten, würde sie es denn aushalten, bis Montag zu warten?

Pfeifend geht er wieder ins Zimmer zurück, immer noch dieselben Gläser in der Hand.

Alles geht gut. Es gibt einen kritischen Moment, als sie alle vier nackt sind und Jon darauf besteht, das Licht brennen zu lassen. Da hat Tova ein so unwirkliches Gefühl wie noch nie zuvor, sie schwebt über dem Boden, jetzt kann alles mögliche passieren.

Aber als sie einen Blick auf Jon wirft, weiß sie plötzlich Bescheid. Er glaubt auch diesmal, er könne ihr etwas schenken, hier in seinem eigenen Doppelbett will er ihr B. anbieten, seinen Freund, hier bekommt sie, was sie sich selbst nicht nehmen will, damit sie Jon mit jemand anders vergleichen kann, o wie großzügig er ist, wie ungeheuer großzügig.

Da wirft sie sich auf B. und streichelt ihn wild und heftig, preßt

43

ihn an sich, kullert auf den Fußboden, und dabei gelingt es ihr, den Stecker herauszuziehen, sie weiß hinterher nicht, ob es mit Absicht geschah, aber jedenfalls wird es dunkel, lange genug, damit sie ohne Zeugen mit B. zusammensein kann, du, flüstert sie ihm ins Ohr, und er flüstert ihr dasselbe zu, dann schreit sie, und das Licht geht in dem Moment an, als alles explodiert.

Sie macht noch lange weiter, sie kann einfach nicht aufhören, so wild und verrückt ist sie, und um den Grund zu verbergen, trinkt sie etwas Cognac aus einem Glas, das irgendwo steht, und den Rest schüttet sie auf Jon, aus Versehen, wie sie glaubt.

Hinterher wird ihr klar, daß irgendwas in ihr dieses Versehen sehr genau geplant und inszeniert hat, wirklich großzügig, dein Geschenk, vielen Dank. Später fragt sie sich, ob es der Cognac in seinem Gesicht war, der Jon so aus der Fassung brachte, daß es aus anderen Gründen beinahe schiefgegangen wäre.

Jon schafft es nicht.

Wie sich herausstellt, ist er derjenige, der dem Vergleich nicht standhält, und das macht ihn ganz verzweifelt, er möchte es Inger recht machen, er mag sie doch, und sie tut ihr Bestes, sie ist so warm und sicher und ruhig, aber bei ihm klappt es nicht, wie ist das Leben doch heute so kompliziert geworden, Hilfe!

Und Tova kommt zur Hilfe, Inger und Tova helfen ihm beide, B. sieht zu, mit unergründlichem Gesichtsausdruck, dann tauschen sie noch einmal, und schließlich schlafen alle nach und nach ein, nur Tova nicht.

Sie ist immer noch voll glühender Lava, die nicht aufzuhalten ist, erst am Montag kann sie sich ausweinen, wenn B. und sie einander endlich richtig befriedigen können.

Zuvor hat Jon sich seine Genugtuung verschafft. Den ganzen Sonntag rollt er mit ihr im Doppelbett herum, nachdem B. und Inger gegangen sind, du bist wunderbar, sagt Tova, du bist gut, so gut, du bist der Beste, immer müheloser lügt sie im Laufe dieses Tages.

Aber Jon Randers hat seitdem von Herausforderungen genug, nie wieder hat ein solches Duell stattgefunden. Und obwohl keiner von ihnen dieses Ereignis je wieder erwähnt hat, wissen sie beide, daß es der Wendepunkt ihrer Ehe war.

Ein verlorener Kampf, ein besiegter Ehemann. Nie wird er ihr verzeihen, daß sie Zeugin seiner Niederlage wurde.

Tova hat sich lange gefragt, was in jener Nacht wirklich mit Jon

Randers passiert ist. Jetzt glaubt sie, wenigstens eine Ahnung zu haben, was eigentlich los war.

Es braucht nur einen Mann zu geben, der glaubt, die Frau von Jon Randers könnte sich möglicherweise von ihm abwenden und den anderen vorziehen. In diesem Moment gerät Jon Randers' Ehre in Gefahr, und die Erde beginnt unter ihm zu beben.

Er hat weder *mit* Tova gekämpft, noch *um* sie. Er hat um sich selbst gekämpft. Um seine Männlichkeit, um seinen eigenen Wert. Gerade jetzt, heute, hat Tova das zum erstenmal kapiert.

Sie war nur der Ball, den die beiden zwischen sich hin- und herschlugen, um festzustellen, wer der Sieger auf dem Spielfeld war. Die Männer hatten einander herausgefordert und mußten die Sache zwischen sich auskämpfen.

Tova zählte nicht. Inger zählte nicht. Frauen zählen nicht. Es geht nicht um sie, niemals.

Jetzt begreift sie, warum der Schatten von Jon Randers ihr schon während dieses ganzen Tages auf den Fersen war und sie bis in die Fredriksgatan begleitet hat. Im tiefsten Inneren hat sie immer noch geglaubt, er werde eingreifen und Martti Wester für sie erledigen. Immerhin ist es sein früheres Eigentum, das geschändet worden ist.

Wie viele Jahre kann es dauern, bis man alle Konsequenzen einer teuer erkauften Wahrheit begreift. Wie kann man nur so viel Zeit brauchen, um sich über die einfachsten Dinge klarzuwerden!

Morgen wird sie *ihre Vergangenheit* von Jakob Wassermann von ihrer Schranktür reißen.

Tova schlägt seinen Namen sofort im Telefonbuch nach, als sie wieder zu Hause ist. Wester, Martti, Direktor, steht da, Stenhuggaregatan 5.

Direktor! schnaubt Tova verächtlich. Typisch. Wenn einer keinen Titel hat, nennt er sich einfach Direktor.

Aber er hat doch davon gesprochen, was er als Kaufmann alles für die Zukunft seiner Firma tut. Was für eine Firma ist das? Tova hat keine Ahnung. Als sie klein war, stellte sie sich unter einem Kaufmann jemand vor, der auf dem Markt Gemüse verkauft. Ihr taten diese Kaufleute immer sehr leid, die im Winter draußen standen und kalte Finger kriegten und im Sommer den ganzen Vormittag schwitzten, weil ihnen die Sonne in den Nakken schien.

Offenbar war dieser Beruf auch ziemlich riskant. Sie hat einen Verwandten, der ein Jahr im Knast war, und das war auch ein Kaufmann, er war sogar Direktor und fuhr einen schwarzen Wagen, zu einer Zeit, als niemand sonst ein Auto hatte. Sie weiß noch genau, wie die Kinder des Viertels den Wagen umlagerten, wenn Onkel Hjalmar zu Besuch kam.

Geschenke brachte er auch immer mit. Ihren ersten Lippenstift hat Tova von Onkel Hjalmar bekommen, Sans Souci stand darauf, und er schmeckte nach Marmelade, man konnte sich einen knallroten Mund damit malen, und Tova fand das herrlich, aber ihre Mutter verbot ihr, sich zu schminken, wenn sie ausging.

«Junge Mädchen sollen frisch und natürlich sein», sagte ihr Vater und sah sie tadelnd an. Sie begriff, daß die natürliche Frische etwas sehr Wichtiges für ein junges Mädchen war und daß Sans Souci sie kaputtmachte.

Tova wollte kein frisches und natürliches junges Mädchen sein. Erwachsen wollte sie sein, und ganz anders, als sie wirklich war. Vor allen Dingen wollte sie ganz anders sein.

Sie versteckte ihr Kleinod zusammen mit einem Spiegel hinter der Heizung im Treppenhaus. Mit Sans Souci auf den Lippen, die wollenen Unterhosen dafür hinter die Heizung gestopft, ging sie abends aus, um die Welt zu erobern.

Die Jungen aus ihrem Viertel. Sie spielten Eishockey und Fußball auf dem Väinämöinenplan, Tova fror ganz fürchterlich ohne wollene Unterhosen und ohne Mütze, weil die anderen Mädchen auch keine anhatten, als sie dastanden und die Spieler anfeuerten und vorgaben, das Spiel zu verfolgen.

Während sie es in Wirklichkeit nur darauf anlegten, daß Tepa und Börje und Janka sie anschauten. Obwohl Tepa, Börje und Janka statt dessen nach dem Puck oder nach dem Fußball schauten und nur äußerst selten mal einen Blick zur Seite werfen konnten, solange das Spiel dauerte.

Tova sitzt mit dem Telefonbuch auf dem Schoß da. Gedankenverloren läßt sie ihren Blick über die Reihe von Leuten gleiten, die mit Nachnamen Wester heißen.

Mauri, Peter, P. O., Ritva, Ragnar und Ros-Marie.

Einer davon könnte Marttis Bruder sein. Eine davon seine Kusine.

Göta oder Gertrud oder Svea könnte seine Mutter sein. Oder auch Elsa, oder Siiri, Wwe.

Der Lippenstift nutzte sich ab, und Onkel Hjalmar verschwand, Tovas Vater glaubte, es hätte irgendwas mit Devisenschmuggel zu tun gehabt. Jedenfalls tauchte Onkel Hjalmar nie wieder auf, soweit Tova sich erinnern kann. Er zog nach Jyväskylä. Oder vielleicht war es auch Joensuu.

Mit der Zeit blieben die wollenen Unterhosen im Schrank, und Tova kaufte sich ihre Lippenstifte selbst, in helleren Farben, die besser zu ihr paßten als Onkel Hjalmars Sans Souci. Aber sie kann sich noch genau an den Geschmack dieses ersten Lippenstifts erinnern und an die Küsse abends im Hausflur, wenn das endlose Training endlich zu Ende war und die Mädchen ihre Belohnung für das Frieren und Anfeuern ernteten.

Übrigens hat sie später von all diesen Stunden profitiert. Dank ihrer Erfahrung als Zuschauerin kann sie jetzt mit Mick über Fußball reden. Er glaubt, daß sie ganz genau weiß, welche Mannschaft in der Tabelle am besten steht. «Ifki gewinnt», sagt sie. «Neun zu fünf, bombensicher.»

Halt. Ihr Blick bleibt plötzlich mitten in einer Zeile hängen.

Wester AG. Ganz zuletzt, vor Westerberg und Westergren kommt es. Lilla Robertsgatan 8 Pikku Robertinkatu, 63 41 63.

Die Firma. Das muß Martti Westers Firma sein. Sein Gemüsestand, sein Lippenstift, sein Devisenschmuggel. Womit mag er wohl handeln?

Obwohl es schon fast zehn Uhr abends ist, muß Tova noch mal

weggehen, um das herauszufinden. Übrigens schläft sie bestimmt besser, wenn sie einen Spaziergang macht, bevor sie sich hinlegt. Sie geht rasch durch die Stadt, sie liebt die Sommerabende, wenn es kühl wird und die Menschen viel Zeit haben, mehr als sonst im Jahr und mehr als tagsüber, sie schlendern Arm in Arm, und im Zentrum ist es nicht mehr leer wie den ganzen Winter über.

Tova hat immer in Helsinki gelebt, bis auf eine kurze Zeit, als Jon Randers und sie frisch verheiratet waren. Sie liebt diese Stadt, besonders im Frühling und im Sommer. Als Sommerstadt ist sie ihr am liebsten, mit tausend Erinnerungen an jeder Straßenecke. Die Eisdiele an der Georgsgatan, in der es Eis am Stiel gab, man lutschte die Bonbonfarbe und den Saft ab, und übrig blieb das weiße Eis in der Mitte; durch die halbe Stadt konnte man laufen, um so eins zu kriegen. Der Kiosk an der Esplanade, wo man Prickelwasser trank und Lakritzstangen aß, das Kino Kit-Kat mit den Kurzfilmen, Kakao mit Schlagsahne im Café Fazers mit Papa und Mama, das Warten am Ersten Mai, bis die Roten vorbeigezogen waren und man endlich auf die andere Seite konnte.

«Was wollen die Roten?»

«Sie wollen an die Macht», sagte der Vater, «sie wollen über alles entscheiden, obwohl sie keine Bücher gelesen haben und nicht wissen, wie man mit der Macht umgehen muß.»

«Sie wollen wieder Krieg», sagt die Mutter schaudernd, «sie wollen blutigen Aufruhr, sie sind gefährlich, kommt, laßt uns in die andere Richtung gehen.»

Das taten sie immer, Tovas Eltern. Sie schlugen eine andere Richtung ein, wenn es brenzlig wurde. Sie wollten nicht darüber reden oder diskutieren. Rücksicht, immer nur Rücksicht, egal, wie es unter der Oberfläche brodelte. Von ihnen hatte Tova gelernt, nach außen hin zu lächeln, auch wenn ihr eigentlich zum Heulen und Toben zumute war. Immer gute Miene machen, ja nicht fluchen oder böse, aggressiv und widerborstig sein.

Von Politik war in Tovas Elternhaus nie die Rede. Das war nichts für gebildete Leute, die eine Weltanschauung geerbt hatten und nie auf die Idee kamen, daß die Welt sich ändern könnte und daß Ansichten immer neu überprüft werden müssen.

Tova ist froh, daß die Eltern nach Ekenäs umgezogen sind, nachdem der Vater von seinem Buchhalterposten pensioniert worden war. Es ist gut, daß zwischen ihrem Leben und dem der Eltern ein Abstand besteht. Was würde geschehen, wenn sie beispielsweise Jockum am Ersten Mai sehen würden. Jockum in seinem blauen Hemd unter den roten Fahnen, ihr erstes Enkelkind, ihr Augenstern.

Das würden sie Tova nie verzeihen. Sie würden nicht einmal versuchen zu verstehen. Sie haben es noch immer nicht verkraftet, daß Jon Randers Tova verlassen hat.

Für sie steht fest, daß Tova schuld daran war. Sie hat sich nicht genug um Haushalt und Familie gekümmert und hat ihren Mann vernachlässigt. Na also. Kein Wunder. Sie schicken Jon Randers immer noch jedes Jahr eine Weihnachtskarte. Aus Ekenäs.

In die Stadt kommen sie jetzt nur noch selten. Der Verkehr ist ihnen zu hektisch, alles ist anders als früher, sie finden sich nicht mehr zurecht. Die Leute können nicht mehr richtig Schwedisch reden, nicht einmal in dem vornehmen Kaufhaus Stockmanns.

Tova erinnert sich an einen Ersten Mai, als die Roten vorbeimarschierten und die Eltern mit ihr in eine andere Richtung gingen. Sie nahmen vor dem Schwedischen Theater eine Pferdedroschke, das kam nur dieses eine Mal vor, und obwohl Tova noch ziemlich klein war, höchstens zehn Jahre, erinnert sie sich, daß die Mutter dem Kutscher 25 Finmark Trinkgeld gab, weil er Schwede war, es kostete 175, aber die Mutter gab ihm 200, das weiß Tova noch ganz genau.

Sie weiß auch noch, daß die Mutter am liebsten bei C.A. Gustafsson einkaufen ging, weil man dort Schwedisch sprach, obwohl es ein längerer Weg war. Sie konnte kein Wort Finnisch sprechen.

Aber Tova lernte es. Sie hatte massenhaft Spielgefährten auf den Hinterhöfen von Tölö, und von ihnen lernte sie schnell Finnisch. Es wurde ihre Spielsprache, beim Brennball und Schlagball im Sommer und bei den Wettbewerben im Schlittschuhlaufen im Winter, wobei die Partner für den Paarlauf mit verschiedenfarbigen Schleifchen ausgelost wurden. Wie die meisten schwedischen Kinder in Helsinki wuchs Tova zweisprachig auf, und sie dachte überhaupt nicht darüber nach, ob sie nun gerade Schwedisch oder Finnisch sprach.

Jon Randers dagegen kam aus einem Ort, in dem nur Schwedisch gesprochen wurde. Finnisch hatte er nur als Fremdsprache gelernt, und Tova lachte ihn aus, wenn er die Rechnung verlangte oder Kinokarten bestellte. Anfangs war er unnachgiebig. Wenn er nicht auf schwedisch bedient wurde, ging er woandershin.

Aber mit der Zeit sah er es ein. Daß er die Sprache richtig lernen mußte, wenn er weiterkommen wollte.

Und das machte er auch. Im Handumdrehen eignete er sich alles Wissenswerte an, und danach war er es, der Tovas umgangssprachliches Finnisch korrigierte. Jon Randers war perfekt, wie immer.

Als sie sich kennenlernten, wohnte er in einem Zimmer zur Untermiete. Es war Sommer, und Tovas Eltern waren auf dem Land. So hatten sie die Wohnung für sich, und das Doppelbett der Eltern wurde zu ihrem Unterschlupf. Es war der erste Sommer, den Tova allein in der Stadt verbrachte.

Noch nie hatte sie einen solchen Sommer erlebt. Es regnete nie, der Himmel war nur selten bewölkt, die Sonne schien ohne Unterlaß, und Tova und Jon Randers gingen an den Stränden von Helsinki entlang und schauten zum Horizont. Er war weit weg, das Leben würde ewig dauern, und Jon Randers war groß und dunkel, der schönste Mann, den Tova je gesehen hatte, er studierte Politische Wissenschaft und wollte Diplomat werden, wollte in die weite Welt hinaus, und er war ungeheuer aufregend und ganz anders als die Jungen aus Tölö.

Jon Randers kam umsonst ins Kino. Er zeigte die Mitgliedskarte seiner Studentenverbindung vor und erklärte, sie berechtige ihn zum freien Eintritt. Und dann verbeugte sich der Kartenabreißer und wies ihnen eine Loge zu.

Mit diesem Ausweis fuhr er auch Achterbahn im Vergnügungspark. Es klappte immer, aber Tova genierte sich und stellte sich gern ein bißchen abseits, wenn Jon Randers seine Karte zückte.

Er konnte gut bluffen. Er schmuggelte sich überall durch, trat immer mit der gleichen Selbstsicherheit auf und stellte seine Forderungen. Und niemand bezweifelte je, daß Jon Randers das Recht hatte, die Warteschlange zu umgehen, sich ganz vorn hinzustellen und die besten Plätze zu bekommen. Gratis.

«Wer ein akademisches Examen hat, dessen Stimme sollte doppelt zählen», sagte Jon Randers. «Und wer außerdem Vermögen hat, sollte noch eine Stimme dazukriegen. Je mehr Verantwortung man trägt, um so besser kann man die Dinge beurteilen.»

Tova verstand überhaupt nicht, was er meinte. Aber sie protestierte nicht.

«Ein Verbrechen ist kein Verbrechen, bevor es nicht endeckt worden ist», sagte Jon Randers auch.

Plötzlich erinnert sich Tova an ihren ersten Streit mit Jon Randers. Es war genau hier, am Skillnadsbacken, in ihrem ersten Sommer.

Sie weiß nicht mehr, worüber sie geredet haben, aber sie weiß genau, wie wütend sie über seine Worte war. Was hatte er nur für moralische Maßstäbe. Was für ein totaler Mangel an Moral!

Er hat über ihre Empörung gelacht.

«Wie stellst du dir das vor, wenn jeder, der irgendwann mal gegen das Gesetz verstoßen hat, als Verbrecher behandelt würde», sagte er. «Manche Leute sind eben clever und nützen die Lücken im Gesetz aus. Das ist kein Verbrechen. Es zeugt von Intelligenz, wenn man sich die Dummheit der anderen zunutze macht.»

Später hat Tova noch oft an diesen Ausspruch gedacht. Sie hätte es damals schon begreifen müssen. Sie hätte einsehen müssen, daß sie und Jon Randers durch Welten getrennt waren. Sie, die vor jedem Menschen Angst hatte, der Macht und Autorität besaß, die sich von Regeln und Vorschriften einschüchtern ließ und während all der Filme zitterte, die sie zusammen sahen, nur weil sie sich hineingeschmuggelt hatten und eigentlich kein Recht hatten, auf ihren Plätzen zu sitzen.

Wie hatte sie jemals glauben können, daß es zwischen ihr und Jon Randers eine tiefe Gemeinschaft gäbe?

Aber da war ja noch das Doppelbett. Und *die* Gemeinschaft wog vieles auf. Fast alles. Für eine lange Zeit.

Wester AG. Rahmen und Spiegel.

Tova steht vor dem Schaufenster und starrt hinein. Hübsche Rahmen, verschnörkelte Goldrahmen und glatte, weiße, ovale Spiegel, quadratische Spiegel und Fotos von Filmstars, Glenda Jackson, die aussieht wie ein Mädchen aus der Bibliothek, Audrey Hepburn vor vielen Jahren, Ryan O'Neal.

Tova starrt und starrt.

Sie sieht sich selbst in der Schaufensterscheibe widergespiegelt, in den Spiegeln direkt vor sich und auf den Seiten, im Glas vor den Fotos der Filmstars. Sie sieht sich selbst, wie sie vor langer Zeit war, mit schmaler Taille und fröhlichen Augen, so wie sie am Anfang mit Jon Randers war, auf dem Hochzeitsfoto. Und dann sieht sie sich so, wie sie heute ist, mit einer Falte mitten auf der Stirn, streng sieht sie jetzt aus und gar nicht mehr leichtsinnig und fröhlich. Was in aller Welt hatte Martti Wester auf die Idee gebracht, sie sei etwas für ihn?

Oder sie auf die Idee, er sei etwas für sie?

Sie macht auf dem Absatz kehrt und geht heimwärts. Jetzt muß sie ihre Gedanken beisammenhalten, um Klarheit in diese Sache zu bringen.

Judo.

Wie schnell kann man gut genug Judo lernen, um sicher mit einem Mann fertig zu werden, der etwa 1,80 Meter groß ist, zwischen 35 und 40 Jahre alt, und eine gute Kondition hat. Ein kräftiger Kerl mit einem breiten Nacken, einem Stiernacken.

Tova beschleunigt ihre Schritte. Sie biegt nicht in die Fredriksgatan ab, sondern bleibt statt dessen auf dem Mannerheimvägen, wo immer noch viele Leute nach der Neun-Uhr-Vorstellung der Kinos unterwegs sind.

Sie hat noch nie Angst gehabt, allein in dieser Stadt unterwegs zu sein. Sie ist mit allen Ecken und Winkeln vertraut, von klein auf, sie weiß, wie man abkürzen kann, durch einen Hauseingang schlüpfen, eine halbe Treppe hoch, auf einen Hof hinaus und in den nächsten hinein, und plötzlich ist man einen ganzen Häuserblock von seinem Ausgangspunkt entfernt. Man kann nach Belieben so weitermachen, und innerhalb kürzester Zeit ist man weit fort, und niemand kann einen finden, der sich nicht in der Geographie der Hinterhöfe auskennt.

Plötzlich hat Tova Angst. Die Stadt ist ihr fremd. Die Haustüren werden abends immer früher abgeschlossen, viele bleiben auch den Tag über verschlossen, und es gibt mehr Klingelknöpfe und Türsummer als je zuvor.

Und was ist, wenn er auch Judo kann?

Wie kann sie sicher sein, daß er nicht die Oberhand gewinnt, sondern daß sie es wirklich schafft, ihn aufs Kreuz zu legen. Und ihn an die Bettpfosten zu binden.

Mit Karate kann man Leute aus Versehen töten.

Falls er getötet wird, dann nicht aus Versehen. Darüber ist sie sich völlig klar.

Aber das Brotmesser ist ihr nicht geheuer, bei näherem Nachdenken. Er würde es ihr wahrscheinlich nur aus der Hand winden und es gegen sie richten. Und das hätte sie dann davon. Von ihrem eigenen Brotmesser durchbohrt.

Tova hat eine Flasche Rotwein zu Hause, und die entkorkt sie, nachdem sie die Tür ordentlich verrammelt, die Sicherheitskette vorgelegt und den Schlüssel mehrmals herumgedreht hat. Keiner von den Jungen ist zu Hause und zieht ein Gesicht, weil sie sich ein Glas einschenkt. Nicht, daß sie etwas sagen würden, wenn sie mal ein Gläschen trinkt. Aber sie mögen es nicht. Sie hassen Leute, die trinken, und sie fürchten sich auch vor ihnen. Seit der letzten Zeit, als Jon und sie noch zusammenlebten und beide manchmal zuviel tranken.

Vor allem Jon. Sie selbst bekam rasch Kopfschmerzen und mußte sich übergeben.

Aber vorher konnte sie auch laut werden und ihn anschreien. Bis er wegging und die Tür hinter sich zuknallte. Oder bis sie ins Bett ging und ihn nicht an sich heranließ.

Wenn sie sich richtig betrunken hatte.

War sie nur ein bißchen beschwipst, dann wurde sie meistens geil. Und lockte ihn so schnell wie möglich ins Bett, bevor er zu besoffen war, um mit ihr schlafen zu können. Er brauchte dann immer länger als sonst, und das kostete sie voll aus, sie kam mehrmals hintereinander und wurde immer wilder dabei. Und wenn er abschlaffte, machte sie eine Anspielung auf Inger oder auf die Stockholmer Freunde, irgendwie lenkte sie seine Gedanken auf den Abend mit Inger und B. Das half immer. Jedesmal aufs neue war er gezwungen, die Sache wettzumachen und zu beweisen, daß seine Niederlage nur ein Zufall gewesen war, daß niemand seine Leistungen übertreffen konnte, daß er der Erste und der Letzte und der Beste war.

Er geilte sich auch an den Einzelheiten auf. Erinnerte sich an den Cognac, den sie auf ihn geschüttet hatte. «Da warst du ja ganz schön scharf, was, weiß der Teufel, was du dir eigentlich gedacht hast, vielleicht hast du insgeheim schon längst davon geträumt, mit B. zu vögeln, obwohl du dich nie getraut hast, wer weiß, was du für Tagträume hast, aber du kannst niemand finden, der es dir besser macht als ich, gib's nur zu, du kennst niemand, der so gut aussieht wie ich.»

Tova stimmt zu, sie kennt niemand, der so gut aussieht wie er, was ist das übrigens schon, ein gutaussehender Kerl, jedenfalls kein Muskelprotz, kein Angeber, der den Brustkorb herausdrückt, die Hände in die Seiten stemmt und den Bauch einzieht, und auch kein Biertrinker mit wabbeligem Bauch, dem die Hosen auf Halbmast hängen.

Einer mit einem festen, lebendigen Körper, auf den der Rhythmus Licht und Schatten zeichnet, einer, der es genießt, ihr Genuß zu verschaffen, einer, der seine Bewegungen beherrscht und der goldbraun und glatt ist und überall duftet und keine Angst davor hat, zu geben und zu nehmen

einer, dem es nicht um Konkurrenz und Leistung geht

Kari!

Tova sitzt in ihrem Polstersessel, und die beiden dicken Kerzen brennen langsam herunter. Die Rotweinflasche ist leer, und sie weint.

Sie hat es sich verboten, an Kari zu denken, und nun weint sie, weil sie es doch getan hat.

Selbst mit geschlossenen Augen, oder vor allem mit geschlossenen Augen, sieht sie ihn vor sich. Aber er ist nie allein. Er ist immer mit einer anderen Frau zusammen, und sie lacht immerzu, und er dreht sich immer nach ihr um, wenn sie lacht.

Und sie gehen durch eine Tür, die er ihr aufhält, er legt die Hand auf ihren Arm, während er die Tür aufmacht, sie ist nicht seine Frau, sonst würde er sie nicht so anfassen, er schiebt sie zärtlich durch die Tür, und sie lacht ihn mit ihren weißen Zähnen an.

Damals hatte er ihr nichts von diesem Mädchen gesagt. Er wußte nicht, daß sie ihn mit ihr gesehen hatte. Aber Tova hatte die beiden gesehen. Und sie war nicht überrascht, als er sie später anrief, um ihr von diesem Mädchen zu erzählen und ihr zu sagen, er könne sie nicht wiedersehen. «Du wirst das sicher nicht verstehen», sagte er.

Aber sie konnte es verstehen. Sie hatte die beiden ja gesehen.

Aber davon sagte sie ihm nichts. Sie ließ es ihn selbst erzählen, und es fiel ihm nicht leicht, aber es fiel ihm auch nicht schwer, wie Tova es sich gewünscht hätte.

Licht und Schatten auf seinem Körper, die Spannung zwischen Haut und Muskeln, immer neue Rhythmen, denen sie mit ihren Händen oder ihren Augen folgen kann.

Obwohl sie nie – nie? – an ihn denkt, gibt es tausend Dinge, die sie immerzu an ihn erinnern. Sogar das Telefon an ihrem Arbeitsplatz, weil er sie dort anrief, und nicht zu Hause, um ihr zu sagen, daß es zu Ende war. Nur weil sie zum Fenster hinausschaute, als sie seine Stimme hörte, kann sie nicht mehr von ihrem Schreibtisch aufsehen und die Sonnenreflexe an der Hauswand gegenüber betrachten, ohne sich an seinen Tonfall zu erinnern verdammt noch mal, verdammt noch mal

wo steckt denn diese verfluchte Alexandra Kollontai, wenn sie
wenigstens hier wäre, damit man sie direkt fragen könnte, was
man denn tun soll, wenn es alles andere überschattet, wenn alles
voll davon ist, sogar die Papiere auf dem Schreibtisch, die Kartei,
das Archiv, wenn selbst das Telefon von einer Stimme vibriert,
die sie nicht hören darf, wenn das Fenster Grüße schickt, die sie
nicht haben will, wo gibt es Arbeit, so viel Arbeit, daß sie nicht
mehr daran zu denken braucht, sogar der Stuhl stört sie, er glüht
unter ihr

wie jetzt der Polstersessel

es darf nicht die Hauptsache sein, o nein, nur das nicht

alles andere ist wichtiger, Essen und Arbeit und die Kinder,
und daß man Freunde hat und gesund ist und

aber was soll man machen, wenn man den größten Teil seiner
Zeit darauf verwenden muß, es nicht zur Hauptsache werden zu
lassen?

Tova weint.

Diesmal lügt sie sich wenigstens nichts vor. Über Kari will sie
sich nichts mehr vorlügen.

Von Karis Händen läßt sie sich schließlich in den Schlaf streicheln. Aber sie lügt sich nichts vor. Sie weiß die ganze Zeit, daß
es ihre eigenen Hände sind. Deshalb weint sie noch im Schlaf.

Vielleicht ist das auch der Grund für ihren Traum. Jetzt träumt
sie, aber das weiß sie nicht, für sie ist es Wirklichkeit, als sie mit
Martti Wester in seiner Wohnung tanzt, ihr ist so schlecht, sie
mag nicht mehr tanzen, aber er zwingt sie dazu, er schlägt sie mit
einem Seil, einem weißen Seil, und zwingt sie, immer weiter zu
tanzen, es hilft nichts, daß sie weint und sagt, sie könne nicht
Shake tanzen, du siehst aus wie eine Lehrerin, wenn du so her-
umhüpfst, sagt er und lacht ihr ins Gesicht, und sie weiß es, o ja,
sie weiß es genau, sie hat vor dem Spiegel geübt, nur damit sie
beim Weihnachtsfest shaken kann, falls jemand sie auffordert,
haha, eine Lehrerin, die Shake tanzt

sie will ihn mit dem Zeigestock durchbohren

sie will ihn zwingen, Kreide zu essen und den Schwamm zum
Nachtisch herunterzuwürgen

aber sie schafft es nicht, er entwischt ihr, und alle Schulkinder
stehen lachend um sie herum

aber dann ist alles plötzlich ganz leer, ihr ist eiskalt, überall nur weiße Wände und Spiegel, und in den Spiegeln sieht sie sich auf seinem Bett, mit seinen weißen Stricken festgebunden, und sein ekliger Likör klebt süß und glitschig überall an ihr, und er leckt ihn ab

sie schreit, aber da gießt er sie wieder mit Likör voll

wohin sie auch schaut, überall sieht sie sich selbst, wie im Spiegelkabinett, verzerrt, entblößt, kirschrotes Fruchtfleisch, das aus der Schale platzt

ich werde dich umbringen, sagt er, ich werde dich zerstückeln und dich im Ofen des Hausmeisters verbrennen, der Hausmeister ist in Urlaub, niemand wird es merken, warte nur, wenn ich hier mit dir fertig bin, werde ich

sie rennt die Fredriksgatan entlang, ihre Schritte hallen zwischen den Hauswänden wider, sie verliert ihre Schuhe und stolpert barfuß weiter, er ist ihr keuchend auf den Fersen, jetzt hat er sie, und wieder wird sie an die Bettpfosten gefesselt

er ist es, der sie mit einem Zeigestock durchbohrt

ihr Hals ist trocken, als hätte sie Kreide gegessen, kein Laut kommt heraus, als sie schreit

der Heizkessel des Hausmeisters

niemand auf der ganzen Welt weiß davon, das ist das Schlimmste, niemand weiß

daß sie zerstückelt und im Heizkessel verbrannt wird.

Da wacht sie auf.

Aber das hilft nicht viel. Tova ist starr vor Angst. Sie ist ganz durchgeschwitzt, ihr Körper ist voll von fremden Gerüchen, sie riecht nach Angst und Schrecken und Einsamkeit, die Dunkelheit kriecht aus allen Ecken, sie tastet auf dem Boden nach dem Wekker, Jockums schöner Wecker fängt an zu summen, und bei dem plötzlichen Geräusch schreit sie laut auf, sie kriecht unter die Decke, wagt es aber nicht, die Augen zu schließen, weil dann alles wieder da ist, schlimmer, als wenn sie die Augen offenläßt

wie früher, als sie noch klein war und Angst vor der Dunkelheit hatte, kauert sie im Bett und hört Schritte und knarrende Geräusche, die dritte Diele von der Tür aus, die immer knarrt, wenn man drauftritt, war da nicht gerade jemand

wo sind Mick und Jockum, warum muß sie gerade jetzt allein sein, wo ist das Brotmesser

er ist ihr nachgekommen

er ist hier

er hat natürlich ihren Schlüsselbund genommen und sich Nachschlüssel machen lassen, und jetzt steht er vor der Tür und schließt mit seinem Schlüssel auf

nein!

Das weiß sie genau: Wenn er je den Fehler machen sollte, sie noch einmal anzufassen und ihr mit Gewalt zu drohen, dann gibt es Mord und Totschlag.

Nicht noch einmal. Nie wieder.

Tagsüber war das Brotmesser noch ein Scherz, oder zumindest etwas, was sie nicht allzu ernst nahm. Aber jetzt ist es Ernst. Tova hat panische Angst, sie ist voller Haß, sie ist zum Äußersten entschlossen.

Es gibt Verbrechen, die unverzeihlich sind und nach Rache schreien. Auge um Auge. Zahn um Zahn.

Es ist wichtig, sich das klarzumachen.

Jetzt muß sie sich nur überlegen, wie sie vorgehen soll. Sie muß ihm auf den Leib rücken, damit sie ihn zwischen Daumen und Zeigefinger zu packen kriegt und fest zudrücken kann.

Sie tut in dieser Nacht kein Auge zu. Als die Morgendämmerung beginnt, läßt die Angst nach, sie steht auf, sieht nach, ob die Tür noch verschlossen und die Sicherheitskette vorgelegt ist, schaut zum Fenster hinaus, macht sogar beide Fensterflügel auf statt nur das kleine Kippfenster. Jetzt braucht sie Luft.

Tova macht Pläne. Sie überlegt genau, was sie jetzt tun muß, holt sich Papier und Bleistift und schreibt es auf.

Beschatten muß sie ihn. Ihm folgen, wenn er nachmittags aus seinem Laden kommt, herausfinden, wohin er dann gewöhnlich geht, wo er sich aufhält, wie er seine Tage verbringt.

Langsam wird sie ihn einkreisen, bis sie ihn in der Falle hat.

Und dann!

Was sie dann mit ihm machen wird, weiß sie noch nicht genau.

Aber eins weiß sie: Wer behauptet, Frauen wollten ja selbst vergewaltigt werden, der wird ihr nächstes Opfer sein.

Nach Martti Wester, Wester AG.

In der folgenden Woche führt Tova ein Doppelleben. Die Bibliotheksdirektorin, Greta-Lis Wikberg, ist in eine Projektgruppe für kommunale Freizeitgestaltung gewählt worden, und sie bestellt Tova überraschend zu sich ins Büro und ernennt sie zum zusätzlichen Mitglied des Komitees, als Sekretärin. Die Chefin möchte einen guten Eindruck machen und den Anschein erwekken, als wisse sie ganz genau, was die Einwohner von Helsinki in ihrer Freizeit tun. Und vor allem will sie Vorschläge machen, wie das kommunale Freizeitangebot zu verbessern und zu rationalisieren ist.

Aber irgendwo muß sie die Ideen herkriegen.

Da erinnert sie sich an die Straßenbahnfahrt mit dem patenten Mädchen aus der Ausleihe, naja, es war ja kein junges Mädchen mehr, sie hatte gerade das richtige Alter und Erfahrungen auf vielen Gebieten, das war deutlich zu merken. Und Ideen hatte sie genug, massenhaft Ideen, manche besser, manche schlechter. Keine der anderen Angestellten hat Greta-Lis bisher irgendwelche Änderungsvorschläge gemacht, seit sie die Bibliothek leitet.

Das mag allerdings zum großen Teil an ihr selbst liegen. Sie ist zu sehr auf ihre eigene Position bedacht gewesen, um den anderen die Chance zu geben, auch ein Wörtchen mitzureden. Man könnte es ihr als Schwäche und Unentschiedenheit auslegen, als habe sie keine genaue Vorstellung davon, was von einer Bibliotheksdirektorin erwartet wird.

Oder man könnte gar meinen, sie sei der Arbeit nicht gewachsen, für die sie die Verantwortung trägt.

Sie spürt, daß überall gegen sie gestichelt wird. Zum erstenmal sitzt eine Frau auf diesem Posten. In den Zweigstellen haben häufig Frauen die Leitung, tüchtige Frauen mit Erfahrung und Sachkenntnis, die selbständig ihre Entscheidungen treffen und Initiativen ergreifen. Aber hier, in der Zentrale, hat noch nie eine Frau am Ruder gesessen.

Schon allein deshalb ist Greta-Lis Wikberg auf der Hut. Sie muß den Laden genauso gut schmeißen wie ein Mann, möglichst noch etwas besser. Sie muß darauf achten, daß alles auf einer sachlichen Ebene bleibt. Es darf keine Andeutung von Kaffeekränz-

58

Macht unsre Bücher billiger! ...

...forderte Tucholsky einst, 1932, in einem «Avis an meinen Verleger». Die Forderung ist inzwischen eingelöst.

Man spart viel Geld beim Kauf von Taschenbüchern. Und wird das Eingesparte gut gespart, dann zahlt die Bank oder Sparkasse den weiteren Bucherwerb: Für die Jahreszinsen eines einzigen 100-Mark-Pfandbriefs kann man sich ein Taschenbuch kaufen.

Pfandbrief und Kommunalobligation

Meistgekaufte deutsche Wertpapiere - hoher Zinsertrag - bei allen Banken und Sparkassen

Verbriefte Sicherheit

chen, Klatsch und Tratsch und privatem Gemauschel geben, denn darauf warten die Leute ja nur.

Mit fester, sicherer Hand sorgt sie für einen ruhigen, reibungslosen Ablauf, verbessert manches und führt die notwendigen Neuerungen ein. Aber sie tut alles erst nach reiflicher Überlegung, nie tut sie etwas spontan und impulsiv.

Und sie läßt auch nie ihre Handtasche auf dem Schreibtisch stehen. Das hat sie gelernt, als sie einmal einer Ministerin ihre Aufwartung machte. Da lehnte die Handtasche der Ministerin, groß, schlaff und bauchig, an den Stapeln mit Papieren und Merkzetteln. Diese Tasche verharmloste alles, was die Ministerin sagte, und auch das Getue der Sekretärin, die ihr die Tür aufhielt und den Stuhl zurechtrückte, konnte den Eindruck nicht wettmachen, daß die Ministerin in ihrem Auftreten und in ihren Äußerungen eine Spur zu unbedacht und gefühlsbetont war.

Greta-Lis hat nichts gegen Gefühle, ganz und gar nicht. Aber sie müssen in Schach gehalten werden, sie dürfen nicht das erste sein, woran ihre Besucher denken, nachdem sie ihnen mit dem grünen Lämpchen das Zeichen gegeben hat, daß sie ihr Arbeitszimmer betreten dürfen. Deshalb herrscht stets pedantische Ordnung auf ihrem Schreibtisch, die Mahagoniplatte glänzt, die Post ist säuberlich in Eingangs- und Ausgangskästen sortiert. Und nie duftet es in ihrem Zimmer nach Kaffee. Die Handtasche hat sie versteckt. Sie liegt im untersten Schreibtischfach, das Greta-Lis eigens für diesen Zweck ausgeräumt hat.

An der Wand hat sie drei Kinderzeichnungen nebeneinander aufgehängt. Natürlich hat sie Gefühle. Aber sie will nicht, daß die Stadtbücherei von Gefühlen beherrscht wird.

Deshalb hat sie gerade Tova Randers gebeten, Sekretärin in der Projektgruppe zu werden, und nicht eine der Diplom-Bibliothekarinnen oder ihre eigene Sekretärin, die ohnehin total überlastet ist. Bibliotheks-Assistentinnen gibt es genug. Tova Randers kann ohne weiteres für eine Weile von ihrer üblichen Arbeit beurlaubt werden, um das Material zusammenzustellen, das Greta-Lis Wikberg braucht. Wenn Tova energisch und erfinderisch genug ist, könnte es sogar sein, daß Greta-Lis Wikberg zur Vorsitzenden dieser Projektgruppe gewählt wird. Man wird sehen.

Tova ist über diesen Auftrag hocherfreut. Er verschafft ihr die Atempause und die freien Arbeitszeiten, die sie gerade jetzt so dringend braucht. Auf diese Weise hat sie die Möglichkeit, sich um ihre eigenen Angelegenheiten zu kümmern, während sie gleichzeitig die Recherchen für Greta-Lis Wikberg macht. Und außerdem hat sie nun nicht mehr täglich mit den Mädchen in der Ausleihe zu tun, die sonst bestimmt ihre Zerstreutheit und ihre grüblerische Schweigsamkeit bemerken würden.

Dabei ist es Tova völlig rätselhaft, warum Greta-Lis Vorsitzende dieser Projektgruppe werden will. Als ob sie nicht ohnedies schon genug zu tun hätte. Sie ist erst seit einem knappen Jahr auf dem Direktionsposten und hat es kaum geschafft, sich in den täglichen Kleinkram einzuarbeiten, geschweige denn all die vielen Neuerungen zu integrieren, die sie so energisch eingeführt hat.

Die Personalversammlungen beispielsweise. Da geht es stets um die gleichen Fragen, um Überstundenausgleich und gleitende Arbeitszeiten, um Kaffeepausen und um die Anzahl der Kalorien im Kantinenessen. Und um die mangelnde Kommunikation im Hause.

Greta-Lis ist demokratisch, sie läßt sich jedesmal aufs neue zur Diskussionsleiterin wählen. Tova fragt sich, was sie wohl für ein Gesicht machen würde, wenn man mal jemand anders vorschlüge.

Die neue Aufgabe bringt es mit sich, daß Tova viel unterwegs ist, um das Material zu beschaffen, das Greta-Lis braucht. Sie gräbt eine vor zwei Jahren gemachte Untersuchung über das Freizeitverhalten der Einwohner von Göteborg aus. Und außerdem eine nagelneue Auswertung der Teilnahme an Abendkursen in Tampere.

Mit der einen Hälfte ihres Gehirns denkt Tova über Freizeitgestaltung nach. Die andere Hälfte ist damit beschäftigt, Martti Wester einzukreisen.

Sie kauft sich eine Perücke, blond und kurz gelockt, und eine riesige Sonnenbrille. Mit diesen Requisiten maskiert, so daß sie sich kaum selbst erkennt, setzt sie sich in die Cafeteria gegenüber von *Rahmen und Spiegel* und wartet auf Martti Wester.

In der Zwischenzeit widmet sie sich Greta-Lis und ihren Freizeitprojekten. Liest Statistiken, versieht sie am Rand mit Kreuzchen und Ausrufungszeichen. Und behält dabei Martti Westers Ladentür im Auge.

Tova stößt auf eine Tabelle, die zeigt, welche Einwohner von Göteborg am meisten und welche am wenigsten Freizeit haben. Die Mütter von kleinen Kindern haben am wenigsten, sie haben überhaupt keine Freizeit, ob sie nun einen Beruf ausüben oder nicht. Soso. Das hätte Tova diesen superklugen Herren direkt sagen können, ohne komplizierte Fragebögen und Strukturanalysen.

Sie rümpft verächtlich die Nase. Die Mütter von kleinen Kindern bekommen auch am wenigsten Schlaf.

Sieh mal einer an.

Als sie aufschaut, steht Martti Wester an der Theke.

Tova wird es heiß und kalt, ihre Hände beginnen zu zittern. Sie blickt auf den Papierstapel hinunter, den sie auf dem Schoß hat, weil sie meint, er müsse sonst ihren Haß spüren.

Martti Wester bestellt einen Espresso. Oder vielmehr bekommt er einen, ohne daß er gesagt hat, was er haben will. Das Mädchen hinter der Theke weiß offenbar schon Bescheid.

«Das Übliche, Schätzchen», sagt er. «Bis ich endlich den Nachtisch kriege, den du mir mal versprochen hast.»

Das Mädchen lächelt.

«Das Übliche reicht völlig für dich», sagt sie.

«Oho», sagt Martti Wester. «Wenn alle sich so zieren würden wie du, dann würde es uns Männern auf dieser Welt dreckig gehen. Aber warte nur. Eines Tages komm ich dich holen, auf einem weißen Pferd, und bring dich in mein Märchenschloß, und da kriegst du alles, was dein Herz begehrt ...»

«Ach ja», sagt das Mädchen.

«Ganz bestimmt», sagt Martti Wester. «Ich bin in Hochform. Du solltest bloß mal sehen, wie ich Punkte sammle. Ich bin ganz große Klasse, laß dir das gesagt sein.»

Das Mädchen hört geduldig zu, während Martti Wester drauflos schwadroniert. Er prahlt mit seinen Rekorden und damit, daß er nahe dran ist, seinen Club in der Landesmeisterschaft zu vertreten. Und daß alle seine Technik ganz perfekt finden, daß die Kugel förmlich eine Fortsetzung seiner Muskeln bildet.

«Du solltest nur mal meine Muskeln fühlen, Süße, die sind nicht aus Pappe, und sie machen genau das, was ich will, und peng! dann fallen sie bloß so rechts und links, wie die Frauen auf meinem Weg», sagt er und meckert selbstzufrieden, hähähä.

Das Mädchen stimmt mit einem gehorsamen Kichern ein. Tova starrt krampfhaft zum Fenster hinaus. Ihr ist schlecht. Sie hat das Gefühl, sie müsse gleich platzen vor Ekel und Übelkeit, zugleich möchte sie am liebsten aufspringen und sich auf Martti Wester stürzen, im irgendwas an den Kopf werfen und ihn schlagen und treten, ihn anspucken. Sie ballt die Fäuste vor Haß, sie erstickt fast daran.

Inzwischen hat Martti Wester seinen Kaffee ausgetrunken, pfeifend schlendert er hinaus. Draußen kramt er die Autoschlüssel aus der Tasche, bleibt eine Weile auf dem Bürgersteig vor dem Fenster stehen, nur einen Meter von Tova entfernt, und schaut vor sich hin.

Dann geht er zu seinem cremefarbenen Mercedes, schließt ihn auf und fährt weg.

Tova bleibt noch eine Weile sitzen. Dann nimmt sie ihre Papiere unter den Arm und geht, während die einzelnen Teile des Puzzles langsam ihren Platz finden. Warum hat sie nur so wenig Ahnung von Sport? Wen soll sie fragen, um in Erfahrung zu bringen, worin er ein solcher Meister ist? Warum muß Mick ausgerechnet jetzt weg sein, er könnte bestimmt Martti Westers Andeutungen entschlüsseln.

Kugel. Sie fallen rechts und ...

Kegel natürlich! Bowling.

Sie weiß genau, wo die Bowlingbahn ist. In der Rosavillagatan, praktisch in ihrem eigenen Viertel, in Tölö. Ohne daß sie etwas Bestimmtes plant, wandern ihre Füße in Richtung Tölö.

Als sie merkt, wohin sie unterwegs ist, geht sie auf die Toilette eines Cafés, um sich zu vergewissern, daß sie nicht Tova Randers ist, sondern eine Fremde.

Danach setzt sie ihren Weg fort.

Am Donnerstag, dem 24. Juli, wird Tova Mitglied im Bowling-Club von Helsinki. Am nächsten Montag beginnt sie mit dem Training. Mit blonder Perücke und in einem grünen Kleid, obwohl sie diese Farbe nicht ausstehen kann.

Die Zeit der Perücke ist bald vorbei.

Gegen Ende der Woche ist sie auf dem Weg zum Arbeitsministerium, um sich dort Informationen zu beschaffen, die für Greta-Lis nützlich sein können. In der Nylandsgatan geht sie auf einen Sprung in den Bigi-Grill. Eigentlich will sie nur eine Tasse Kaffee trinken, aber sie kann der Versuchung nicht widerstehen, sich auch ein Beefsteak zu genehmigen. Sie hat in dieser Woche abgenommen, sie fühlt sich schwach, und außerdem nimmt sie sich vor, die ganze nächste Woche zu Fuß zur Arbeit zu gehen, zum Ausgleich für das Steak. Oder wenigstens für einen Teil davon.

Es ist schon nach zwei, die Essenszeit ist vorüber, an den kleinen Tischen ist es leer und still. Tova setzt sich auf eine Polsterbank und zwirbelt an ihren dunklen Haaren, während sie auf ihr Essen wartet.

Da kommt Martti Wester zur Tür herein, in Begleitung eines etwa gleichaltrigen Mannes.

Tova bekommt panische Angst.

Wo soll sie nur hin, sie hat nicht mal eine Zeitung, um sich dahinter zu verstecken, hinter ihr ist nur die Wand, um zum Ausgang zu kommen, muß sie an den beiden Männern vorbei, die sich ans Fenster gesetzt haben.

Die Perücke hat sie in der Tasche, aber sie kann sie nicht unbemerkt aufsetzen. Dann wenigstens die Sonnenbrille. Aber die steckt in der Tasche ihrer Strickjacke, die sie neben der Tür aufgehängt hat.

Herrje.

Klirr!

Sie hat die Gabel auf den Boden fallen lassen. Auch das noch. Damit er sie ja bemerkt.

Das tut er auch. Beide schauen auf, Martti Wester lächelt. Es ist ein freundliches, unpersönliches, doch jederzeit zu einem Flirt bereites Lächeln, wie er jeder Frau zulächeln würde, auf die er zufällig über sein Steak hinweg einen Blick wirft. Dann essen beide ruhig weiter, als sei nichts geschehen.

Als sei nichts geschehen!

Langsam dämmert es ihr. Er hat sie nicht erkannt. Er hat keine Ahnung, daß die Frau, die an der Wand sitzt und ein halb gegessenes Steak vor sich kalt werden läßt, obwohl sie nichts Besseres weiß als Steak vom Grill, daß sie also dieselbe Frau ist, die er vor knapp zwei Wochen geprügelt und gefesselt und vergewaltigt hat.

So wenig Bedeutung hat das für ihn gehabt.

So wenig Aufmerksamkeit hat er ihr geschenkt. Sie dagegen würde ihn überall erkennen, selbst mit einem aufgeklebten roten Schnurrbart, als Schornsteinfeger oder Polizist verkleidet, sie würde ihn trotzdem erkennen, an seinem Lächeln, seinen Augenbrauen, den Nasenlöchern, den Händen.

Und am Geruch.

Wie ist es nur möglich!

Vorsichtig holt sie ihren Taschenspiegel hervor, wirft einen verstohlenen Blick hinein. Sieht sie anders aus als sonst? Hat sie vor lauter Aufregung plötzlich weiße Haare gekriegt oder rote Flekken im Gesicht, die sie völlig entstellen?

Sie sieht genauso aus wie sonst. Bis auf die große Angst in ihren Augen.

Plötzlich schießt ihr ein Gedanke durch den Kopf. Wenn sie jetzt nicht anders aussieht, hat sie vielleicht damals anders ausgesehen?

Sie hat keine Vorstellung, wie sie an jenem Nachmittag aussah, und erst recht nicht am Abend und in der Nacht. Wie hat sie da ausgesehen?

Wann hat sie in den Spiegel geschaut? Tova versucht sich zu erinnern. Als sie ins Maestro kam, ist sie da auf die Toilette gegangen? Wie sieht die Toilette dort überhaupt aus?

In diesem Moment erinnert sie sich. Sie hat nirgends in den Spiegel geschaut, sie hat sich überhaupt nicht besonders zurechtgemacht, sie wollte nur eine Kleinigkeit essen und eine Tasse Kaffee trinken, zur Feier ihres vierzigsten Geburtstags. Sie war ja mit niemandem verabredet, es war ihr ganz egal, wie sie aussah.

Das war ihr übrigens am meisten aufgefallen, als sie die Treppe heraufkam und das Orchester sah, das nach einer Pause gerade wieder seine Plätze einnahm. Diese etwas aufgetakelten Leute, tiefe Ausschnitte und sonnengebräunte Rücken hier und da. Während sie selbst einen Jeansrock und eine Hemdbluse trug. Deshalb hatte sie sich auch in die Ecke gesetzt, weil sie nicht zu nahe an der Musik sein wollte, und deshalb hatte sie sich nicht die Mühe gemacht, auf die Toilette zu gehen, um sich zu kämmen.

Wie sie da sitzt, versucht sie sich genau an die Situation zu erinnern und sich ins Gedächtnis zu rufen, was sie sah, als sie einen Blick in den Spiegel warf, der die ganze Rückwand des Foyers ausfüllte.

Daß sie bald wieder zum Friseur gehen müßte, kurze Haare muß man mindestens einmal im Monat schneiden lassen. Daran hatte sie gedacht. Und daß es hier drinnen schön kühl war nach der Hitze draußen, sie hat die Schultern hochgezogen und an der Bluse gezupft, damit sie nicht an ihrer Haut festklebte.

Während sie auf die Treppe zuging, war ihr zum Bewußtsein gekommen, daß sie keinen BH trug. So war es angenehmer, kühler, aber es hatte auch noch eine andere Bedeutung. Ein überflüssiges Kleidungsstück, das endlich weg war.

Die Ansichten darüber hatten sich in den letzten Jahren verändert.

Sie dachte an dieses Mädchen in der Bibliothek, das im letzten Sommer, als sie noch den alten Direktor hatten, im T-Shirt ohne BH zur Arbeit gekommen war. Es war sofort darüber getuschelt worden.

Eva fand es unmöglich, aber Agneta sagte, jede Frau müsse selbst wissen, wie sie sich anziehen wolle, solange die Sachen nur sauber und ordentlich seien.

Dann tauchte ein Anschlag an den Kleiderschränken auf. *Aus gegebenem Anlaß wird darum gebeten, auf allzu leichte Sommerkleidung bei der Arbeit zu verzichten,* stand darauf.

Es war keine Rede davon, was sie unter der Bluse tragen sollten, allein der Gedanke, Vorschriften in dieser Richtung zu erlassen, hätte dem Alten Schwindel verursacht. Das Mädchen trug am nächsten Tag eine langärmelige Bluse. Aber Agneta und Tova hörten bei dieser Gelegenheit auf, einen BH zu tragen.

Eigentlich kam das vor allem daher, daß sie die Sache überhaupt angesprochen hatten. Tova hatte bisher überhaupt nicht darüber nachgedacht, es gehörte sozusagen einfach dazu. Sie hatte sogar im Sommer einen BH getragen.

Aber jetzt ging sie lieber ohne. So war sie sich ihres Körpers stärker bewußt, er war auf eine neue Art lebendig, und sie fühlte sich freier und selbstsicherer. Aber sie machte keine Show daraus, trug keine besonders eng anliegenden Pullover, sondern meistens Hemdblusen, so wie jetzt, manchmal mit einer Weste darüber.

An jenem Tag war sie angezogen wie an acht von zehn. Eine Bluse mit aufgerollten Ärmeln. Ein Baumwollrock, der für ihren Geschmack ein bißchen zu lang war, aber sie hatte ihn erst kürzlich gekauft, und in diesem Jahr waren die Säume wieder tiefer gerutscht. Leinenschuhe mit Kordelsohle und Fesselriemchen.

Die Bluse war allerdings rot. Feuerrot, mitten in der Woche. Aber nur zwei Knöpfe waren am Hals offen. Eine Bibliotheks-Assistentin in ihrer Arbeitskleidung, nicht zu leicht und nicht zu durchsichtig.

Trotzdem hat Tova irgendwie den Verdacht, es hätte an den Kleidern gelegen. Sie hat sich seither nicht überwinden können, die Bluse wieder anzuziehen. Sie hat sie eingeweicht, mit massenhaft Waschpulver, um den Geruch wegzukriegen. Und jetzt liegt die Bluse immer noch in der Lauge. Sie hat sie nicht angerührt.

Vermutlich hofft sie, daß sie verschimmelt oder verfault oder was immer mit Kleidern passiert, wenn man sie zu lange im Wasser läßt.

Seither trägt sie nur noch kühles Blau. Keine Feuerfarben.

Im Grunde weiß sie aber, daß es nicht an der Bluse lag. Sie hat sie schon oft getragen, sie paßt gut zu ihren Haaren. An jenem Nachmittag hat sie keinen Augenblick daran gedacht, daß die Farbe auffallend sein könnte oder daß sie darunter nichts anhatte. Anfangs jedenfalls nicht.

Und später? Als ihr plötzlich die Worte des Vaters zu ihrem Geburtstag eingefallen waren, mit diesem neuen Unterton, als sie irgendwie die Verzweiflung gepackt hatte und sie Martti Wester auf den Tanzboden gefolgt war. Als sie plötzlich das Gefühl hatte, sie könnte ruhig ein bißchen sommerlicher angezogen sein, und als ihr einfiel, daß niemand zu Hause auf sie wartete, daß sie sich ruhig einen doppelten Cognac genehmigen könnte, daß der Abend kühl und die Nacht lang war und daß sie manche Dinge zu lange vor sich hergeschoben hatte, die sich nicht für immer wegdrängen ließen.

Ihre Augen.

Vielleicht war es an jenem Abend in ihren Augen zu sehen gewesen.

Vielleicht war es nur das, was er gesehen hatte.

Einmal war sie ganz überraschend ihrem eigenen Blick begegnet. An einem Wochenende mit Kari, das sie immer noch wegschieben muß, weil es zu weh tut, daran zu denken. Ein Hotelzimmer, das von einem riesigen Bett fast gänzlich ausgefüllt war, nur ein schmaler Gang am Fußende und an der Längswand eine Art Schreibtisch, zwischen zwei Schränken aus Edelholz.

Als Schreibtisch war er nicht zu gebrauchen, und außerdem hatte sowieso keiner von ihnen die Absicht, sich dranzusetzen. Dahinter war ein Spiegel eingelassen, vielleicht war es doch eher ein Toilettentisch, obwohl die Platte in Schreibtischhöhe angebracht war.

In diesem Spiegel hat Tova sich plötzlich gesehen, als sie die Augen öffnete. Was sie da sah, hat sich ihrer Netzhaut unauslöschlich eingeprägt. Sie wird es nie vergessen.

In ihren glücklichsten Augenblicken schließt Tova stets die Augen. Jon hat oft zu ihr gesagt, mach doch die Augen auf,

Tova, sieh mich an, bleib bei mir, zieh dich nicht irgendwohin zurück, wo ich dich nicht erreichen kann, nimm mich mit.

Anfangs versuchte sie, ihm zu gehorchen, als sie sich noch in alles fügte, um ihm zu gefallen. Aber selbst wenn ihre Augen weit offen waren, sah sie nichts, als ob sich all ihre Sinne auf das konzentrierten, was er sie fühlen ließ. Und je dünner die Luft auf den Höhen war, die sie erreichte, um so mehr richtete sich ihr Blick nach innen.

Später wollte sie überhaupt nichts mehr sehen. Da floh sie bewußt nach innen. Wie sie schon so lange vor ihm geflohen war. Zu ihren Jungen, zu ihrer Arbeit.

Und zu B. Wenn sie überhaupt jemanden sah, dann war es B. Aber auch ihn mußte sie meistens in sich selbst suchen. Wenn sie ihn wirklich brauchte, war er selten zu erreichen. So fing sie an, sich in das Spinnennetz aus Lüge und Selbstbetrug zu verstricken.

Mit Kari zusammen sollte es keine solchen Lügengespinste geben. Ihn wollte sie mit offenen Augen sehen. Entweder war er da, und sie sah ihn an. Oder es gab ihn einfach nicht.

Wahrscheinlich hatte sie von vornherein geahnt, daß er nicht bleiben würde. Vielleicht war sie deshalb so entschlossen gewesen, ihn ganz und gar auszukosten, auf eine Art, die ihr neu war, wie bei keinem anderen Mann zuvor.

Ihre Handfläche auf seinem Gesicht, die Daumen auf den Augenlidern und darunter seine beweglichen Augäpfel. Die Zungenspitze in seiner Ohrmuschel, sie folgt den labyrinthischen Windungen, als könne sie die Vibrationen auffangen, die in sein Gehirn dringen, und mit ihnen hineinschlüpfen, unter den Panzer der Beherrschung, den sie zum Schmelzen bringen muß.

Der Rhythmus seiner Bewegungen. Wie lebendig sein Rücken unter ihren Fingerspitzen ist. Sie will das Spiel von Licht und Schatten sehen, die Spannungen und Widersprüche, die ihn erfüllen, damit sie besser versteht, was in ihm vorgeht, wer er ist, was er vom Leben will.

Da öffnet Tova die Augen.

Sie sieht seine Schulter. Und daneben ihr eigenes Gesicht. Weit offen. Wie sie es noch nie gesehen hat.

Was ist das eigentlich: Ekstase?

Es ist ein Schmerz, die höchste Lust ist schmerzhaft bis zur Grenze des Unerträglichen, eine Gewißheit jenseits von Be-

wußtsein und Vernunft, es ist der Tod, die Vergänglichkeit und
das Ende von allem, was jetzt noch glatt und weich und honigsüß
ist

nimm es von mir, damit ich doppelt genießen kann

im nächsten Augenblick wird alles vorbei sein, und das macht
es so unendlich kostbar

es wird verwelken und verblassen und verderben

es wird verraten und vergröbert werden

preisgegeben und erniedrigt und entwürdigt

nimm es von mir, schnell

denn höher hinauf geht es nicht, die Luft ist zu dünn zum
Atmen

es ist unmöglich, unvorstellbar

und nur deshalb kannst du es ganz begreifen.
Bevor ihre Augen verbergen konnten, was sie wußten, sah Tova
gerade noch, was darin zu lesen stand. Nach Kari möchte sie die
Augen nie mehr öffnen.
Was hat Martti Wester in den Augen gesehen?
Etwas, das er selbst nie erlebt hat? Und das er deshalb hassen und
zertrampeln mußte?

Als Tova nach ihrem zweiten Training im Bowling-Club nach
Hause geht, hat sie eine Menge gelernt. Nicht nur, wie man den
optimalen Abwurf macht und wie wichtig dabei das Zusammen-
spiel zwischen Fußstellung, Händen und allen Muskeln des Körpers ist, genauso wichtig wie für einen Langstreckenschwimmer
oder einen Ballettänzer.
Sie hat auch bei der Demonstration eines erfahrenen Spielers zu-
gesehen, der zu den Stars im Club gehört, wie sie gleich gemerkt
hat. Sofort war er von einer Schar von Bewunderern umringt, die
seinen Stil genau studierten.
Insgesamt nur viermal daneben. Eine beispiellose Treffsicherheit.
Acht Strikes hintereinander und ein Dreihunderter.
Tova ist immer noch ganz benommen. Die Wadenmuskeln und
die Armmuskeln tun ihr weh und viele andere Muskeln, von denen sie nicht einmal wußte, daß sie sie in ihrem Körper hat.
Wie bei der Schwangerschaftsgymnastik, denkt Tova. Da hat sie
auch Muskeln entdeckt, von denen sie vorher keine Ahnung
hatte.
Zwischen den Spielen hat sie sich auch mal einen Sprudel geholt

und sich an einen der kleinen Tische mit den glänzend weißen Tischplatten gesetzt, und dabei hat sie die Stimmung auf sich wirken lassen und den Jargon aufgeschnappt, der in Satzfetzen von den Nachbartischen herüberwehte.

In der einen Ecke ging es nur um Fußpilz und um die Öffnungszeiten des Clubs. Und um eine bevorstehende Tournee in die Provinz. Schräg hinter sich hörte Tova etwas von Wettkämpfen und hervorragenden Placierungen und wie man demnächst die Clubs von Åbo und Fredrikshavn haushoch schlagen werde.

Plötzlich spitzte sie die Ohren. Da hinten ging es offenbar auch um Qualifikationsspiele ganz anderer Art. Man erging sich in saftigen Andeutungen und erinnerte sich genüßlich an pikante Abenteuer. Und der Held dieser Geschichten war jemand namens Mart, der heute offenbar nicht da war.

«Mart hatte mal eine Blondine in Kotka. Die hat er so hergenommen, daß sie danach zwei Tage nicht laufen konnte. Der hat vielleicht ein Stehvermögen, haha, das macht ihm keiner so schnell nach. Hinterher erzählt er uns immer alles haarklein, damit wir seinen Abwurf und seinen Einlaufwinkel kontrollieren können», schwadroniert die Stimme weiter. «Man muß schon sehr genau zielen, wenn man alles abräumen will. Wir haben schließlich alle unsere kleinen Tricks beim Aufwärmen.»

Tova klebte buchstäblich an ihrem Plastiksitz fest, nicht nur, weil sie so verschwitzt war. Sie hörte, daß Mart nächstes Mal den Wagen nehmen wolle, seinen nagelneuen Wagen. Die Kassetten habe er schon sorgfältig ausgewählt, ziemlich schnulzige Klimpermusik, um die richtige Stimmung zu machen, der Rücksitz könne schon was aushalten und in Fredrikshavn hätte jeder von ihnen eine warten, sagte die Stimme, die seien schon ganz heiß drauf. Wenn jetzt bloß nicht Marts Geschäfte dazwischenkämen, da habe er nämlich auch viele Eisen im Feuer, müsse ausländische Kontakte pflegen und Geschäftsessen veranstalten. Die Firma expandiere, und man könne sich die Partner in Ost und West aussuchen, gab die Stimme zu verstehen.

In diesem Moment wurde es hinter ihr still, und sie drehte vorsichtig den Kopf herum. Ein großer Mann und ein kleiner stämmiger, der Bowling Champ von vorhin, gingen auf den

Ausgang zu. Der Große war der aus dem Bigi-Grill, der dort mit Martti Wester zu Mittag gegessen hatte. Ihm gehörte die schwadronierende Stimme von eben. Er hielt dem anderen die Tür auf, als sie hinausgingen.

Tova setzte das Training nicht fort, wie sie es eigentlich hätte tun sollen. Sie zog sich rasch um. Beim Hinausgehen fragte sie das Mädchen hinter der Theke nach dem Namen des Bowling Champs.

Eigentlich heiße er Lars Svantesson, werde aber nur Svante genannt, erfuhr sie. Die Liste seiner Erfolge sei lang, er sei dreifacher Meister und gehöre zur Nationalmannschaft, halte seine Rekorde wie kein anderer und komme selten unter die 1500-Marke ...

«Danke, das reicht», sagte Tova.

«Und der andere, mit dem er vorhin zusammensaß, ist Saku Heinonen, er war neulich um zwei Pins besser als Ove», fuhr das Mädchen eifrig fort.

Tova nickte matt, jaja, tschüs dann.

Da geht sie nun, die Ohren klingen ihr noch von Marts Heldentaten, immer wieder hört sie, wie die Stimme seines Schildknappen Saku Heinonen, Sancho Pansa, sie zum besten gibt. Das ist lebensnotwendig für Martti Wester, glaubt sie: jemand, der ihm hingebungsvoll zuhört und die Neuigkeiten bewundernd weiterträgt.

Auf dem Heimweg hört sie immerzu diese Stimme. Aber jetzt geht es nicht um eine Frau in Kotka, die es kaum mehr erwarten kann. Jetzt geht es um sie selbst. Um Marttis Version von ihr, ausgeschmückt von Sancho, zu dem Zweck, im Club und beim ganzen Meisterschaftsfinale die Runde zu machen.

Also wirklich kein Küken mehr. Ziemlich reifer Jahrgang, ganz schön prall, platzt fast vor unterdrückter Geilheit, vollsaftig und nicht mehr ganz taufrisch, die Blütenblätter sozusagen bis zu den Knien runter, leicht zu entblättern, haha, aber dann macht sie plötzlich Ärger, spielt die beleidigte Unschuld, die überhaupt nicht ans Ficken gedacht hat, nur mal Kaffee trinken und Händchen halten wollte, na, da mußte die Haremspeitsche her, und da kam die Sache in Schwung, ich kann dir sagen, man muß ihnen nur richtig Angst einjagen, dann werden sie weich, die konnte zuletzt gar nicht genug kriegen ...

Die hat mir's vielleicht geblasen, das hat sie nicht aus Büchern gelernt, richtig ausgesaugt hat sie mich, und am Morgen hat sie gleich wieder drum gebettelt, da hab ich ihr's mitten in die Fresse gegeben, und dann hab ich sie vor die Tür gesetzt . . .

Tova geht bei Rot über die Straße, als sie in ihren Gedanken an diesem Punkt angekommen ist. Sie ist ganz sicher, daß er den Schluß zusammenlügt, natürlich kann er nicht zugeben, daß er eingeschlafen ist, das wäre ja eine richtige Schande für ihn, man könnte glauben, er hätte schlapp gemacht und es einfach nicht mehr geschafft, und sie hätte ihn am Ende dazu gezwungen . . .

Plötzlich hält sie inne.

Mitten auf dem Fußgängerstreifen am Marktplatz von Tölö bleibt Tova Randers wie angewurzelt stehen.

Jetzt hat sie's.

Natürlich. Daß sie nicht schon länger darauf gekommen ist. Sie wird ihn weder erschießen noch ihm die Kehle durchschneiden, noch ihm den Schwanz absägen, noch ihm das Brotmesser in die Brust stoßen.

Sie wird ihn ganz einfach vergewaltigen. Sie wird ihn dazu zwingen, sich demütigen zu lassen, so wie er sie und sicherlich viele vor ihr mit Gewalt gedemütigt hat.

Und Angst soll er haben, Angst um sein Leben, genau wie sie selbst, er soll ihre Verachtung spüren und den Zwang und die Demütigung, nie soll er es vergessen, und wenn er es nicht schafft, wird sie jeden Trick zu Hilfe nehmen, den sie kennt, bis sie ihn soweit hat.

Ganz aufgekratzt steckt Tova den Schlüssel ins Schloß, schließt die Tür auf und tut einen Schritt über die Schwelle

da greifen zwei Hände nach ihr, sie starrt in die Mündung einer Pistole, darüber ein Gesicht, über das ein Nylonstrumpf gezogen ist, darin zwei Löcher, durch die sie zwei Augen unter einer Strickmütze anstarren

Tova schreit

die Beine geben unter ihr nach

sie sackt auf dem Teppich in ihrer Diele zusammen.

Da bricht ein großes Gelächter los, und der Räuber streift rasch seine Maske ab. Mick beugt sich über sie, und Jockums Augen kommen unter dem Nylonstrumpf zum Vorschein.

«Du hast dich doch nicht erschrocken? Aber, Mami, das war doch nur Spaß, schau, das ist doch nur Micks Spielzeugpistole! Wir wollten dir doch nur einen Streich spielen. Viele Grüße von Papi und Birgitta. Wir sind schon heute gekommen, weil eins von den Kindern zum Zahnarzt mußte, und da konnten wir im Auto mit in die Stadt fahren.»

«Ich muß morgen zum Fußball, du weißt doch, Alberga gegen Ifki, das hast du bestimmt nicht vergessen», fügt Mick hinzu.

Diese dummen Bengel.

Tova ist wütend darüber, daß sie sie so erschreckt haben, sie erholt sich nur langsam von dem Schock, die ganze Panik ist wieder in ihr hochgestiegen, als sie mitten in ihren gewaltsamen Gedanken war.

Geschieht ihr eigentlich ganz recht.

Mick nimmt sie schnell in den Arm. Das hat er schon lange nicht mehr gemacht. Er ist genauso groß wie sie, wenn nicht sogar ein bißchen größer. Sie findet, daß er in der letzten Zeit gewachsen ist und älter aussieht. Jockum ist eine richtige Bohnenstange, mindestens einen Kopf größer als sie. Er schaut sie liebevoll an, kneift sie in den Arm.

Diese albernen, wunderbaren Kinder. Tova kommt die Zeit ewig lang vor, seit sie zu Jon gefahren sind, sie hat seitdem in einem Vakuum gelebt, niemand war da, um ihr zu helfen, mit dem fertig zu werden, was ihr passiert ist.

Ihr wird ganz warm und froh ums Herz, als sie ihre beiden Jungen anschaut. Zur Hälfte sind sie noch Kinder mit Spielzeugpistolen, zur anderen Hälfte sind sie schon auf dem Weg, erwachsene Männer zu werden. Wird sie es schaffen, sie gehen zu lassen, zu anderen Frauen, mit denen sie ihr Leben teilen werden?

Während sie selbst ganz allein zurückbleibt. Ohne die beiden.

Wie soll sie es nur fertigbringen, mehr Abstand zu ihnen zu bekommen? Der forsche und zugleich sanftmütige Mick mit seinem Gerede über Fußball von früh bis spät, schon von klein auf fest in der Männerkumpanei verwurzelt und zumindest an der Oberfläche Jons selbstsicheres Gehabe zur Schau tragend. Der sensible, feine, anspruchsvolle Jockum, noch nie hat jemand sie mit einer solchen Liebe angesehen wie dieser Sohn, eine unergründliche Liebe mitten in diesem Jungengesicht. Wie soll sie dieser Liebe je gerecht werden, ängstlich und zwiespältig, wie sie ist, wie soll sie ihm Geborgenheit geben können, die er braucht, wenn seine Alpträume ihn heimsuchen? Damit er nicht von ihr enttäuscht ist, und durch sie von allen Frauen, denen er später einmal begegnen wird.

Wenn Jockum erst einmal jemand ins Herz geschlossen hat, dann ist sein Vertrauen grenzenlos. An Tova glaubt er, seit er sich zum erstenmal getraut hat, es zu tun. Er tut alles für die Menschen, an die er glaubt. Niemand ist so fürsorglich wie Jockum. Er macht ihr Tee, bringt ihr feuchte Handtücher, wenn sie Migräne hat, und stellt den Plattenspieler leise, den Mick immer auf volle Lautstärke dreht, kaum daß er zur Tür hereingekommen ist.

Wie jetzt gerade.

Aber in diesem Augenblick stört es sie überhaupt nicht. Sie ist überglücklich, daß sie die beiden wieder zu Hause hat.

Bis Jockum fragt, wie es ihr ergangen ist, seit sei weg waren.

Was soll Tova darauf antworten?

Sie weiß, daß Jockum wirklich erfahren möchte, wie es ihr ge- gangen ist, daß er nicht nur fragt, weil er gelernt hat, diese Frage aus Höflichkeit zu stellen. Schon als kleines Kind hat er wie ein Seismograph auf ihre Stimmungen reagiert, es ist ihr viel schwe- rer gefallen, Jockum etwas zu verheimlichen als Jon, ob es nun um etwas Schönes oder um etwas Trauriges ging, was ihr passiert war, aber um Dinge, die nichts mit dem Leben innerhalb ihrer vier Wände zu tun hatten. Dinge, die sie nicht mitteilen, sondern lieber für sich behalten wollte.

Jockum hat am meisten unter der Entfremdung zwischen Jon Randers und Tova gelitten. Jon hatte Birgitta, Tova hatte B., oder hatte ihn auch nicht, wie man es nimmt. Aber Jockum hatte niemand.

Ihm blieb nichts als seine Liebe zu ihnen beiden und seine Angst vor dem, was er kommen sah, voller Entsetzen belauschte er ihre Streitigkeiten, ihre harten Stimmen, ihre Halbwahrheiten und ih- re kleinen Lügen.

Jockum versuchte, die Schuld auf sich zu nehmen. Abends kas- perte er immer herum und machte Faxen, damit sie gar nicht erst anfingen, sich zu streiten, er wollte sie zum Lachen bringen, bis sie es satt hatten, daß er immerzu ihre Aufmerksamkeit bean- spruchte, und dann hackten sie beide auf ihm herum und ließen ihre Ungeduld an ihm aus, schimpften, daß er nie ins Bett gehen wolle, daß er Theater mache und ihnen im Weg sei und sie nie in Ruhe ließe, wenn sie unter sich sein wollten, um wichtige Dinge zu besprechen.

Die Angst stand ihm im Gesicht geschrieben.

«Habt ihr Streit?» fragte er besorgt. «Ihr streitet euch doch nicht, Mami?»

«Aber nein, Jockum», sagte Tova. «Wir diskutieren nur. Wir reden ein bißchen über Sachen, die nur für Erwachsene sind.»

«Ganz bestimmt?» fragte Jockum. «Ist Papi nicht böse auf dich? Bitte, Mami, mach doch das, was der Papi sagt, damit er nicht auf dich schimpft.»

«Er schimpft überhaupt nicht auf mich, Jockum. Schlaf jetzt», sagte Tova ungeduldig. «Du mußt verstehen, daß wir manchmal allein sein möchten, daß wir auch mal ohne dich miteinander reden wollen.»

«Du darfst nicht böse auf Papi sein», seufzte Jockum. «Er hat dich lieb, er hat dich ganz bestimmt lieb, Mami, sei nicht traurig, auch wenn er mal schimpft.»

Und dann beruhigte Tova ihn. Sie sei überhaupt nicht traurig, Papi sei nicht böse, und sie sei auch nicht böse, sie würden sich nicht scheiden lassen, und keiner von ihnen würde ausziehen, er könne ganz ruhig schlafen, und nun gute Nacht, Jockum.

Jockum lernte, daß auf Menschen kein Verlaß ist. Daß Menschen lügen.

Von Tova lernte Jockum, daß die Augen das Gegenteil von dem sagen können, was die Lippen sagen. Oder daß die Lippen geschlossen bleiben und gar nichts sagen, während der ganze Körper spricht, seine Angst herausschreit oder sein heimliches Glück ausstrahlt, ein Glück, das nicht hierhergehört, das man nicht teilen kann und das irgendwo ganz anders seinen Ursprung und seine Heimat hat. Daß jeder Mensch sein eigenes Leben lebt, mit dem die anderen nichts zu tun haben, nicht einmal die, die einem am nächsten stehen.

Daß einem vielleicht überhaupt niemand wirklich nahe ist. Daß die Menschen allein sind mit ihrer Freude und ihrem Leid.

Von Tova lernte er außerdem, daß Menschen Umwege machen. Daß sie nie den Finger auf den wunden Punkt legen, weil sie nicht den Mut dazu haben, daß sie immer gerade das verstecken müssen, was faul ist, und statt dessen etwas anderes vorschieben, was weniger gefährlich und bedrohlich ist, so daß sie es wagen können, sich daran abzureagieren.

Tova ließ ihren Ärger unausgesprochen im Raum stehen, wenn Jon Randers sie enttäuscht und verletzt hatte. Sie wußte, daß einer von den Jungen ihn schon auffangen und etwas anstellen würde, was das Gewitter auslöste, das nötig war, damit Jon eingreifen und mit harter Hand Gerechtigkeit üben konnte, indem er Ohrfeigen verteilte oder herumbrüllte. Erst dann hatte Tova ihren Auftritt. Mit sanfter Stimme griff sie beschwichtigend ein und tröstete den, der was hinter die Ohren gekriegt hatte, und dabei übersah sie Jon Randers geflissentlich, diesen Mann, der herumschrie und kleine Kinder verprügelte, und der so unbeherrscht, ungebildet und jähzornig war – Tova seufzte und war sehr erleichtert darüber, daß die drei anderen die Gewalt für sie ausgeübt hatten, so daß sie nichts damit zu tun haben mußte.

Aber Jockum litt darunter. Es war Jockum, der Tova schließlich zur Einsicht brachte, daß sie etwas unternehmen mußte. Jockum wagte nicht mehr einzuschlafen. Jockum fürchtete sich vor allem, was um ihn herum vorging.

Sie mußte sich mit Jon Randers aussprechen.

Tova versuchte es. Aber sie waren einander schon so sehr entfremdet, daß sie nie über die wirklich entscheidenden Fragen sprachen: darüber, was schiefgegangen war, wann es angefangen hatte und warum. Was nun zu tun war. Ob sie überhaupt noch etwas miteinander und füreinander tun wollten.

Jon Randers verlangte von Tova, daß sie zu Hause bei den Kindern bleiben sollte. Daß sie die Schule aufgeben sollte. Er gab ihr eine Probezeit: Wenn sie es bis März geschafft hätte, daß Mick nachts nicht mehr ins Bett machte, daß Jockum abends ruhig einschlief und morgens in seinem eigenen Bett lag und nicht in ihrem, daß Ruhe und Frieden in ihr Familienleben eingekehrt waren, dann durfte sie ihre Arbeit behalten. Aber nur unter diesen Bedingungen.

Tova traute ihren Ohren nicht.

Eine Probezeit!

Und wenn sie die Probe bestand, durfte sie weitermachen!

Wie die Hexen vor Hunderten von Jahren. Wenn sie, an Händen und Füssen gefesselt, im Wasser versanken, durften sie weiterleben. Falls man sie noch herausfischen konnte, bevor sie tot waren.

Tova tat in dieser Nacht kein Auge zu.

Es war ihre letzte Nacht mit Jon Randers.

Sie wußte nur eins ganz genau, als sie am nächsten Morgen aufstand, die Augen brennend vor Schlaflosigkeit und vom vielen

Weinen. Nie wieder würde sie Mick und Jockum etwas vormachen und sie belügen. Nie, nie wieder.

Wenn ihr etwas Wichtiges passierte, war es auch für die Kinder wichtig. Es betraf sie genauso. Alles, was einem passiert, betrifft auch die Menschen, die man liebt. Unausweichlich. Selbst wenn man nicht darüber redet.

Was soll Tova auf Jockums Frage antworten?

Sie sagt das einzige, was sie ihm jetzt ehrlich sagen kann. Daß ihr etwas passiert ist. Daß jemand sie verletzt hat. Daß sie aber noch nicht genau weiß, wie schlimm es ist und was sie dagegen tun kann.

Daß sie aber unbedingt etwas tun muß. Und zwar bald.

Tova spürt, daß sie damit einen Verrat an Jockum und an sich selbst begeht. Sie verhält sich genauso wie damals, sie weicht aus und läßt die Menschen, die ihr am nächsten stehen, nicht an sich heran. Wieder zieht sie sich hinter eine Glaswand zurück. Wieder lügt sie. Aber ihr fehlt einfach der Mut. Sie wagt es nicht. Was sie den Jungen jetzt sagen müßte, ist zu wichtig, es geht sie so ungeheuer viel an, sie werden es ihr ganzes Leben lang nicht vergessen. Es wird zwischen ihnen und ihren Frauen stehen, wenn sie jetzt etwas Falsches sagt. Es könnte einen Riß in dem Vertrauen geben, das sie zu anderen Menschen haben. Vor allem zu ihr selbst.

Sie schafft es nicht, ihnen zu sagen, was passiert ist.

Jockum sieht sie lange an, sagt aber nichts. Schließlich fragt er sie, ob er ihr irgendwie helfen kann bei dem, was da gemacht werden muß. Oder ob es etwas ist, was sie nur allein schaffen kann. Denn es gibt doch Dinge, mit denen man ganz allein fertig werden muß, oder nicht, Tova?

Nicht einmal darauf kann Tova eine klare Antwort geben. Sie kann nur sagen, daß Mick und Jockum ihr schon ein ganzes Stück weitergeholfen haben, einfach dadurch, daß sie wieder da sind.

Erst als sie eingeschlafen sind, Mick nach der üblichen heimlichen Schmuserei im Bett, sanft und zärtlich, mit seiner brüchigen Stimme noch etwas von Fußballspielen und Rekorden flüsternd, um dann plötzlich in Tiefschlaf zu versinken, erst als alle beide eingeschlafen sind und Tova hinter ihnen aufräumt wie früher, als sie noch klein waren, kehren ihre Gedanken zu Martti Wester und zu ihrer Rache zurück.

Jetzt grübelt sie darüber nach, was ihn einmal so tödlich verletzt haben mag, daß er keine andere Möglichkeit hat, als sich in Haß und Gewalt, in Hohn und Unterdrückung auszutoben. Wie mögen sein Vater und seine Mutter miteinander umgegangen sein? Wie lebt er mit seiner Frau zusammen? Was ist mit Menschen passiert, die so werden wie Martti Wester? Und warum soll man es zulassen, daß er weiterhin Haß und Schrecken um sich verbreitet?

Sie muß ihn aufhalten. Sie muß ihn zwingen, zu begreifen, was er tut. Er soll seine eigene Medizin schlucken, bis er daran erstickt.

Ihm kann man nicht mit schönen Worten und Ermahnungen kommen. Darauf würde er nicht hören. Das beeindruckt einen Mann wie Martti Wester nicht. Er spricht eine andere Sprache, genau wie sein getreuer Sancho und all die übrigen Helden.

Na gut. Dann wird sie eben dafür sorgen, daß Sancho Pansa mal von was ganz anderem zu erzählen hat als von den üblichen Rekorden, es wird genug Gesprächsstoff geben, daß es auch noch für die Bowling-Clubs von Åbo und Fredrikshavn reicht.

Tova wird schon dafür sorgen, daß das Gerücht herumgeht.

Falls Martti Wester aus irgendeinem Grund vergessen sollte, seinen Kumpels davon zu erzählen, wird sie es persönlich tun.

Und dann wird sie zur Polizei gehen. Und wird sich selbst anzeigen. Welche Strafe auch darauf stehen mag, sie ist bereit, sie abzubüßen.

Morgen wird sie herausfinden, welche Strafe darauf steht, einen Mann zu vergewaltigen. Im übrigen gibt es bestimmt auch mildernde Umstände. Tova ist aber keineswegs sicher, ob sie die überhaupt zu ihrer Verteidigung anführen will.

Zum erstenmal seit ihrem vierzigsten Geburtstag hat Tova Randers richtig gute Laune. Kurz vor dem Einschlafen kichert sie sogar vor sich hin.

Fährt dann aber plötzlich aus dem Schlaf hoch. Hellwach.

Wie in aller Welt soll sie es schaffen, Martti Wester zu vergewaltigen? Ohne daß es das gleiche Ende nimmt wie letztes Mal.

Um drei Uhr schluckt Tova eine Schlaftablette. Das hat sie seit mindestens einem Jahr nicht mehr gemacht. Sie hat auf einmal das Gefühl, als sei sie einen steilen Abhang heruntergerutscht, nachdem sie fast schon den Gipfel erreicht hatte.

Beim Aufwachen am nächsten Morgen weiß sie es.

Micks Spielzeugpistole. Ein Strumpf und die Strickmütze. Tova wird sich als Räuber verkleiden. Was all diese Bankräuber können, kann sie schon lange.
Nur daß sie dabei nicht auf Geld aus ist.

Tova würde am liebsten B. fragen, welche rechtlichen Folgen es hat, einen Mann zu vergewaltigen.

Aber das geht nicht. Das weiß sie genau.

Erstens hat B. kein Anwaltsbüro, er hat nichts mit Strafprozessen zu tun und kennt sich wohl kaum in den entsprechenden Paragraphen aus. Er arbeitet für eine Versicherungsgesellschaft, als Spezialist für Rentenversicherungen.

Sie kann sich seine Reaktion lebhaft vorstellen, wenn sie ihm diese Frage stellen würde. Seine äußerliche Reaktion jedenfalls.

«Daß Rentner vergewaltigt werden, kommt äußerst selten vor», würde er mit einem ironischen Lächeln sagen. «Tatsächlich ist mir kein einziger Fall eines Rentners bekannt, dem dies zugestoßen ist. So leid es mir tut, Tova. Für die Rentner, meine ich.»

Gleichzeitig würde er aber fieberhaft nachdenken. Wenn er sich noch im geringsten dafür interessiert, wie gut oder wie schlecht es ihr geht, und sei es auch nur aus alter Freundschaft, könnte er auf die Idee kommen, daß es schlimm um sie steht.

Er wird sich überlegen, wie es bei ihrer letzten Verabredung war, um herauszufinden, was sie seitdem so völlig aus dem Gleichgewicht gebracht haben kann.

Diese Verabredung zum Mittagessen, früher so häufig, mittlerweile so selten. Aber immer noch schön für sie beide, trotz allem.

Im letzten Frühjahr beispielsweise. Nur wenige Tage nach dem Wochenende mit Kari.

B. muß auch damals noch etwas für sie gefühlt haben. Warum hätte er sie sonst gerade in einem Moment anrufen sollen, als sie keine Spinnweben, kein Sicherheitsnetz mehr brauchte, um heil über den Abgrund zu kommen. Als sie das Leben so bewußt genoß wie schon lange nicht mehr. Vielleicht wie noch nie.

Der honigsüße Geschmack auf ihrer Zunge.

Über klare, grüne, salzige Meerestiefen dahingleiten, den goldbraunen Körper im weichen, sonnenglitzernden Wasser ausstrekken, in bodenlose Tiefen hinabtauchen, Tova lächelt im Schlaf, wacht vor dem Läuten des Weckers auf, voller Lust auf den Tag, der vor ihr liegt.

Selten hat sie mit solchem Schwung gearbeitet. Sie ignoriert einfach den alten Trott, schlägt auf der Personalversammlung ein besseres Informationssystem vor: Ein spezieller Ausschuß soll sich darum kümmern, daß alle wichtigen Vorgänge in der riesigen Bibliothek jedem zugänglich gemacht werden, den es betrifft, damit jeder sich mitverantwortlich fühlt und über die geplanten Rationalisierungen wie etwa die fotomechanische Verbuchung Bescheid weiß.

Ist das nun also die «Hauptsache»? Nein, die Hauptsache vielleicht nicht, aber es ist ihr alles sehr wichtig, und was einem wichtig ist, das kann man auch bewältigen.

An einem dieser Tage, sie ist gerade mitten in einem inneren Dialog mit Alexandra, ruft B. an. «Hast du nicht Lust, mit mir zu Mittag zu essen», sagt er. «Das haben wir schon so schrecklich lange nicht mehr getan, ich erwarte dich an unserem alten Platz.»

Tova freut sich sehr. In all ihrer überschwenglichen Lebensfreude ist noch Raum genug für diese zusätzliche Freude, sich zu einem gemütlichen Plauderstündchen mit B. zu treffen. Trotz allem, was er einmal zu ihr gesagt hat, und obwohl sie seitdem die Grenzen ihrer Beziehung kennt.

B. gehört zu ihrem Leben. Manchmal denkt sie sogar, er nehme einen größeren Platz darin ein, als Jon Randers es je getan hat.

B. hat sie noch nie etwas vorgelogen.

Deshalb wäre es auch schwierig für sie, ihn gerade jetzt zu treffen.

Sie erinnert sich, daß es damals gar nicht leicht war, pünktlich zu diesem Mittagessen zu kommen. Ihre Offenheit für alles, was sie umgab, war in jenen Tagen so deutlich spürbar, daß viele Menschen davon berührt wurden.

Elina Lindström zum Beispiel. Sie arbeitete oben in der Verwaltung, eine von diesen stillen, farblosen Personen, so um die fünfzig, unverheiratet. Sie hatte auf den Personalversammlungen noch nie ein Wort gesagt, hatte aber mehrmals zustimmend genickt, wenn Tova etwas sagte, besonders an diesem Tag.

Jetzt steht sie plötzlich vor Tovas Schreibtisch, eine halbe Stunde, bevor sie mit B. an ihrem üblichen Treffpunkt verabredet ist. Ihre Augen glänzen, ihr Gesicht ist gerötet. Sie steht einfach nur da.

«Hallo», sagt Tova ein bißchen gehetzt. «Was für ein hektischer Tag.»

Dann lächelt sie glücklich.

Elina Lindström lächelt nicht.

«Ich habe gerade meinen Krankenurlaub beantragt», sagt sie. «Und er ist natürlich bewilligt worden.»

«Bist du denn krank?» fragt Tova.

«Ich muß mich operieren lassen», sagt Elina Lindström. «Eine Brust muß abgenommen werden. Aber es ist kein Krebs», fügt sie hinzu.

Und plötzlich lehnt sie sich an den Türpfosten und weint hemmungslos.

Nein, denkt Tova. Nicht jetzt. In zwanzig Minuten muß ich gehen. Was soll ich ihr nur sagen? Wie soll ich das schaffen? Warum kann Elina mit ihrem Kummer nicht zu Greta-Lis gehen? Nein!

Trotzdem tut sie natürlich ihr Bestes, damit Elina Lindström sich ausweint und ihre Angst und Verzweiflung herausläßt, während Tova sich Argumente überlegt, die keine falschen Ausflüchte sind, sondern etwas, woran sie sich klammern kann, was ihr einen Halt gibt in den letzten Sekunden, bevor die tiefe Dunkelheit der Narkose sie einhüllt.

Wahrscheinlich steckt auch Todesangst dahinter, die Angst, man habe ihr vielleicht nicht die Wahrheit gesagt, als die Entscheidung gefallen war, daß die Operation keinen Aufschub duldete, daß sie schon am Freitag gemacht werden mußte. Vielleicht dachte sie, es sei schon zu spät und man habe es ihr bloß nicht gesagt, um ihr nicht den Lebensmut zu nehmen und dadurch die mögliche Genesung zu gefährden.

Doch es ist nichts davon, was Elina Lindström bekümmert. Sie ist verzweifelt darüber, daß sie eine Brust verlieren wird. Dadurch wird sie in ihrer Weiblichkeit verstümmelt, nie mehr kann sie sich heil fühlen, sie wird nur ein halber Mensch sein, und niemand wird sie je so sehen dürfen.

Tova versteht sie sehr gut. Gerade weil sie zur Zeit so viel Vergnügen an ihrem eigenen Körper hat, nicht nur in ihrer Freizeit, sondern sogar bei der Computerverbuchung, die Rundung ihrer Arme, ihre Taille, ihre Hüften und Knie, die Art, wie sie geht und sich bewegt, all das ist ein ebenso wichtiger Teil von ihr wie die Gehirnzellen, auf die Greta-Lis und die Bibliothek Anspruch haben. Sie kann deshalb so gut arbeiten und denken, weil sich das alles so gut und sinnvoll ergänzt.

Was ist nun «wichtig»? Und was die «Hauptsache»?

Wie kann Elina die Ferientage der Angestellten ausrechnen, wenn ihr eine Brust fehlt? Wie kann sie warm und geborgen einschlafen und träumen, wenn sie nur ein halber Mensch ist?

Wo gehört eine Frau hin, deren Weiblichkeit man durch eine Operation verstümmelt hat, während die ganze Welt so funktioniert, als seien Männer und Frauen nur dafür geschaffen, einander zu gefallen und zueinander zu passen?

Tova sagt, sie müßten mal in Ruhe darüber reden und diese Dinge gründlich besprechen, im Moment sei es am wichtigsten, daß Elina Lindström ihren Tränen und ihren Worten freien Lauf läßt, daß sie ihren Schrecken und ihre Panik offen zugibt und auch ihre Angst, sich lächerlich zu machen, weil ihr so viel an ihrer Brust liegt.

Tova erinnert sich an ein Buch, das sie einmal gelesen hat, sie glaubt, daß es Elina Lindström helfen könnte. Zusammen sehen sie in der Kartei nach und finden tatsächlich das Buch, das Tova meinte.

Elina Lindström sieht ganz entgeistert aus, als Tova es aus dem Regal zieht. Es handelt davon, wie Witwen ihre Trauer erleben. Was hat sich Tova dabei gedacht?

Sie läßt Elina für den Rest des Tages beurlauben, ruft B. an und verschiebt ihre Verabredung um eine Stunde. Dann begleitet sie Elina Lindström nach Hause, kocht ihr eine Kanne Kaffee und läßt sie mit ihrer Ungewißheit und dem Buch über Witwen allein.

Ist das grausam von ihr?

Tova weiß es nicht. Sie fühlt sich so stark, daß ihr eine Brust mehr als genug erscheint, eine Brustwarze oder die Erinnerung an eine Brust würden ihr ein ganzes Leben lang reichen, für sie spielt es auch keine Rolle, daß die Brüste einer Frau von siebenunddreißig oder vierzig oder fünfzig anders aussehen als die einer Sechzehnjährigen oder Neunzehnjährigen.

Sie weiß aber auch, daß sie viel mehr hat, woran sie sich erinnern kann, als Elina Lindström es je hatte. Das muß einen großen Unterschied machen.

Deshalb glaubt sie auch, daß sie in diesem Moment nicht viel mehr tun kann, als wegzugehen und Elina Lindström mit ihren eigenen Gedanken allein zu lassen. Es gibt Probleme, bei denen einem andere Menschen helfen können. Es gibt aber auch Probleme, mit denen man allein klarkommen muß. Wie Jockum einmal gesagt hat.

Sie wird Elina Lindström später besuchen, das nimmt sie sich fest vor. Sie hat von einer Gruppe von brustamputierten Frauen gehört, die sich gegenseitig helfen und unterstützen. Sie denkt daran, daß sie sich danach erkundigen will, während sie zwischen den Tischen auf die Bank in der Ecke zugeht, wo B. sie erwartet.

Ihr gewohnter Tisch. Das gewohnte Menü. Und – seltsamerweise – nach kurzer Zeit schon die gewohnte Vertrautheit, obwohl sie sich seit Monaten nicht mehr gesehen haben.

Trotzdem steht etwas zwischen ihnen. Eine Operation, die vor mehreren Jahren alles verändert hat.

Aber sie treffen sich immerhin noch, wenn auch selten, immer seltener. Und wenn es auch bestimmt ein Jahr her ist, seit sie letztes Mal miteinander geschlafen haben, obwohl früher nur eine Woche oder höchstens zehn Tage dazwischen vergingen.

Und doch war es niemals die Hauptsache für sie, miteinander zu schlafen. Es war nur ein Teil ihrer Freundschaft, und durchaus nicht der wichtigste.

Aber er gehörte dazu. Und als er in den Hintergrund gedrängt wurde, entfernten sie sich immer mehr voneinander. Trotz allem.

Heute ist der Kontakt zwischen ihnen wieder da.

Das merkt Tova gleich, als sie sich neben ihn auf die Bank setzt. Er weiß, daß sie irgendwas Wichtiges erlebt hat, sie hat es ihm noch nie verheimlichen können, wenn etwas Besonderes mit ihr war. Außerdem hat sie es auch gar nicht erst versucht.

Wozu sollte sie noch eine verlogene Beziehung haben?

Wo sie doch schon Jon Randers hatte.

Sie reden über ihre Arbeit und über die geplanten Rationalisierungen in der Bibliothek. Und darüber, daß alles neu durchdacht werden muß, unter ganz anderen Aspekten, wenn man wirklich etwas damit erreichen will. Wie man jeden Arbeitsgang einfacher und effektiver gestalten kann und auch sinnvoller für den, der die Arbeit tut, damit niemand sich zurückgesetzt oder in seiner eigenen Bedeutung geschmälert fühlt.

Tova redet begeistert von Greta-Lis' Ideen. Bis sie merkt, daß B. ihr gar nicht zuhört. Er sieht sie nur an.

«Und sonst», sagt er, «wie geht es dir sonst so?»

Tova lächelt ihm zu.

«Gut», sagt sie. «Mir geht es sehr gut.»

Dann wendet sie rasch den Blick ab.

«Du hast also eine feste Beziehung mit jemand», sagt er.

Tova antwortet nicht.

«Ist es nicht so?», hakt er nach.

«Dann und wann», antwortet Tova und lächelt wieder.

«Also doch fest», sagt B.

Tova zuckt die Schultern.

«Oft?»

Sie schüttelt den Kopf.

«Nicht sehr oft», sagt sie und merkt, daß sie schon wieder lächelt.

«Also nicht so oft, wie du möchtest», sagt er.

«Stimmt genau», sagt Tova. «Lange nicht so oft, wie ich möchte.» Und dabei sieht sie ihn direkt an.

«Diesmal ist es also ernst?», sagt er.

Jetzt lächelt sie nicht mehr.

«Ja, es ist ernst», sagt sie. «Aber ich werde schon damit fertig.»

Es gibt ihr einen Stich, als sie das sagt. Sie wagt sich auf ein gefährliches Gebiet vor. Versteht er überhaupt, wovon sie spricht? Wovon sie *auch* spricht.

«Du bist so leidenschaftlich», sagt er. «Du forderst so viel. Du kannst nie warten.»

Da wird sie ganz deutlich.

«Ich fordere nichts», sagt sie. «Das weißt du sehr gut. Und ich kann unendlich lange warten. Aber nur, wenn es sein muß.»

«Und jetzt muß es sein», sagt er.

«Jetzt muß es sein», sagt sie. «Und ich halte es nicht aus.»

«Ist er jung?» fragt er. «Ist er jünger als ich?»

Sie lacht ihn aus. Muß es einem Angst machen, wenn jemand jünger ist als man selbst?

«Er ist jünger als du», sagt sie. «Nicht sehr viel jünger. Kein Kind mehr. Aber jung.»

«Und jemand, den du oft treffen kannst. Dann arbeitet er also auch an der . . .»

Jetzt lacht sie ihm direkt ins Gesicht.

«Gib dir keine Mühe», sagt sie. «Ich kann treffen, wen ich will und wann ich will. Wie du genau weißt.»

Er weiß es. Es gibt nicht viel, was er nicht von ihr weiß. Oder wußte, besser gesagt.

«Und du?» sagt sie rasch. «Wie geht es dir denn? Gut?»

Er zögert mit der Antwort.

«Es geht so», sagt er schließlich.

«Zu Hause?»

«Zu Hause ist alles in Ordnung», sagt er. «Wie immer. Eher sogar noch ein bißchen besser.»

«Und das reicht dir?»

Jetzt braucht er noch länger, um zu antworten.

«Ich bin vorsichtiger geworden», sagt er. «Müder vielleicht, oder träger. Es ist genau wie mit Büchern. Selten läßt man sich noch mal so richtig packen.»

«Aber es passiert doch hin und wieder?»

«Tja», sagt er. «Meistens ist es immer noch dieselbe.»

«Die große Blonde? Die damals ...»

«Die nach dir kam, ja», sagt er. «Genau die.»

Da steht Tova auf, um zu gehen. Es gibt Dinge, die immer noch schmerzen. Daß gleich eine andere kam. Während sie selbst ...

In diesem Moment kann Tova es nicht ertragen, B. zu sehen. Zum erstenmal seit vielen Jahren gibt es tatsächlich jemand, der ihr näher steht als er. Zum erstenmal seit langer Zeit weiß sie, daß sie ihn eigentlich nicht braucht, nicht einmal als Spinnennetz, das sie ausspannen kann, wenn der Abgrund tief und schwarz ist, um sich zur anderen Seite zu hangeln.

Plötzlich steigt Elina Lindströms Verzweiflung in ihr hoch. Ihre eigene Verzweiflung vor vielen Jahren, als B. ihr erklärte, es könne zwischen ihnen nicht mehr so sein wie früher. Nach ihrer Operation.

Sie gehen noch ein Stück zusammen, aber Tova wird immer einsilbiger. Nur allzu deutlich erinnert sie sich an jenen Nachmittag bei ihm, als Inger verreist war und sie endlich Zeit hatten, sich vieles zu sagen und noch mehr miteinander zu tun.

Aber irgendwas stimmt nicht, er ist nicht so dabei wie sonst, und schließlich rollt er sich auf den Bauch und bleibt eine ganze Weile schweigend so liegen.

Tova sieht seinen Rücken, der ihr so vertraut ist, sie würde ihn gern streicheln, aber sie läßt es sein. Wartet ab.

Und schließlich sagt er es.

Daß er lange darüber nachgedacht hat. Er versteht, daß sie keine

Kinder mehr haben will, sie hat ja die Jungen, und außerdem hat sie schon mehrere Fehlgeburten hinter sich, er möchte auch keine Kinder mehr haben, es wäre ein Fehler gewesen, natürlich war es ein Fehler, keiner von ihnen hatte es gewollt, es hätte alles zwischen ihnen durcheinandergebracht, für alle vier wäre es kompliziert geworden, und noch dazu für Mick und Jockum und für seine eigenen Kinder, es hatte natürlich nicht sein sollen, daß sie und er ein Kind zusammen hatten.

Und trotzdem. Sagt er.

Tova spürt, wie die Dämmerung um sie herum plötzlich eiskalt wird. Was meint er damit? Sie waren sich doch einig gewesen, sie hatten das Problem gründlich besprochen, als es so unvermutet über sie hereinbrach. Noch ein Kind, wo Tovas Jüngster gerade fünf war und endlich einen Platz im Kindergarten bekommen hatte, so daß sie mehr Wochenstunden geben konnte und damit Anspruch auf eine regelmäßige Gehaltszulage hatte, vielleicht einen Fortbildungskurs machen und sich qualifizieren konnte, statt immer nur aushilfsweise zu arbeiten und Nebeneinkünfte nach Hause zu bringen, die Jon Randers' Steuern erhöhten.

Ein Kind, das obendrein nicht von Jon Randers war.

In gewisser Weise wäre es Tova ganz recht gewesen, wenn B. getobt und gewütet hätte, als sie ihm sagte, sie wolle dieses Kind nicht zur Welt bringen. Dann hätte sie endlich einen Anlaß für die Sterilisierung gehabt, die sie schon seit langer Zeit bei ihrem Arzt durchzusetzen versuchte.

Der Arzt machte tausend Ausflüchte. Als sie mit zweiunddreißig Jahren zum erstenmal davon sprach, meinte er, sie sei zu jung. Sie wolle später vielleicht doch noch Kinder haben. Die Jungen könnten verunglücken, sie könnte eine neue Ehe schließen wollen. Außerdem könnten danach psychische Probleme auftreten.

Jedes Jahr ging sie wieder hin und redete auf ihn ein. Und jedesmal gab es neue Einwände.

Schließlich sagte der Arzt, am einfachsten wäre es in Verbindung mit einer Abtreibung.

Tova seufzte nur und ging wieder heim. Mit voller Absicht, schwanger zu werden, nur um eine Abtreibung machen zu lassen. Nein, das konnte sie nicht. Also blieb alles beim alten.

Pessare, die scheuerten und noch acht Stunden danach drin bleiben mußten. Kondome, mit denen es nur halb soviel Spaß machte. Anti-Baby-Pillen, von denen sie einen ganzen Sommer lang Migräne kriegte, bevor alle Hormone wieder ins Gleichgewicht gekommen waren.

Und dann passierte es doch.

Ein kaputtes Gummi.

Eine Abtreibung.

Und die Operation.

B. ist in diesem Frühjahr lange im Ausland, und als sie einander wiedersehen, gibt es so viel anderes, was bedacht und beredet und mit Worten und Händen berührt werden muß, als gerade diese Narbe, die kaum mehr zu sehen ist. Tova macht sich kaum Gedanken darüber, daß er ungewöhnlich rücksichtslos zu ihr ist, als sie miteinander schlafen, nachdem sie ihm die Narbe gezeigt hat.

Jetzt erinnert sie sich plötzlich. Er ist auf eine fremde, erschreckende Weise brutal zu ihr, als sei sie ihm gleichgültig geworden, er geht nicht auf sie ein, wartet nicht auf sie, wendet sich von ihr ab, als sie noch lange nicht bereit ist, sich zu entspannen, kein leises Geflüster, keine Freundlichkeit, keine ruhige Zärtlichkeit, die in den Alltag überleitet, damit sie wieder zu sich selbst findet und mit ihrem ganz normalen Gesichtsausdruck weggehen kann.

Auch an diesem Nachmittag gibt es keinen Zornesausbruch. Er ist nicht verzweifelt darüber, daß sie kein Kind zusammen haben werden, selbst wenn er sagt, zutiefst sei er es doch. Aber es spiele jetzt keine Rolle mehr, sagt er, es sei ja doch zu spät.

«Zu spät?» wiederholt Tova voller Schrecken.

Er sagt, es sei zu spät. Er könne unmöglich dasselbe empfinden wie zuvor, wo er jetzt stets daran denken müsse, daß sie diese Möglichkeit nicht mehr haben. Und obwohl er durchaus nicht wünsche, daß es passiert, obwohl er es mit den Verhütungsmitteln immer sehr genau genommen habe, sei es jetzt doch etwas anderes. Durch die Operation sei alles unwiderruflich geworden, unmöglich, ausgeschlossen, tot, steril. Und überflüssig.

Tova sagt kein Wort.

So schnell wie noch nie, als die Zeit drängte und die Heimlichtuerei sie dazu zwang, schlüpft Tova in ihre Kleider, küßt ihn leicht auf die Stirn, geht fort.

Sie läuft und läuft durch die Straßen.

Stundenlang geht sie nicht nach Hause. Ruft nur von einer Telefonzelle aus den Babysitter an und sagt, sie sei aufgehalten worden, falls Jon Randers von seiner Konferenz in Gamlakarleby anruft, sei sie immer noch bei der Personalversammlung. Dann läuft sie weiter straßauf und straßab.

Für sie bedeutete es eine neue Freiheit, als hätte sich ihr Leben erst jetzt voll entfaltet, da diese Angst von ihr genommen ist. Erst jetzt hat sie erkannt, daß die Angst immer da war, die ganze Zeit, seit dem allererstenmal, als sie ganz durcheinander und felsenfest überzeugt war, daß jeder ihr ansehen müßte, was sie gemacht hatte, und daß sie trotz des Gummis bestimmt schwanger sei, und dann jedesmal wieder, in der ersten, schönsten Zeit mit Jon, bevor sie verheiratet waren, zwischen den beiden Kindern, nach den Fehlgeburten, als sie eine neue Schwangerschaft noch nicht verkraften konnte, und später dann ständig, als sie nach Mick keine Kinder mehr haben wollte.

Jedesmal muß die Angst mitgespielt haben, als Beklemmung mitten in der höchsten Lust, wenn alles zu schweben begann und man neue Zusammenhänge jenseits von Sinn und Verstand ahnen konnte. Dann setzte die Unruhe ein.

So muß es gewesen sein.

Eine Unruhe, die nie so greifbar war, daß sie bewußt daran gedacht hätte oder daß sie ihr als Argument bei ihrem unwilligen Arzt eingefallen wäre.

Erst danach hat sie es verstanden. Und die schönsten Erlebnisse kamen alle danach, als sie vierunddreißig, fünfunddreißig und sechsunddreißig Jahre alt war. Jetzt gab es nichts mehr, was sie zurückhielt oder hemmte.

Erst jetzt war alles vollkommen.

Aber es war zu spät!

Wie konnte er nur. Was war er für ein Mensch, daß er sie in Angst und Sorge lassen wollte, daß er ihre Unsicherheit brauchte, um sich sicher zu fühlen, daß er auf ihre Kosten seine Männlichkeit bestätigt bekommen mußte, immer wieder aufs neue.

Tova versteht nicht gleich, warum es sie so sehr aufregt, warum sie so tief empört ist, warum es ihr jetzt genauso schwer fällt, sanft und aufmerksam und rücksichtsvoll mit B. umzugehen wie ihm, als sie letztes Mal miteinander schliefen.

Zum erstenmal spricht sie sich mit B. nicht aus. Sie kapselt sich mit ihren Gedanken ab, denn nur so kann sie sie irgendwann zu Ende denken. Er fragt sie, ob es sie sehr traurig gemacht habe, und sie sagt, ja, das habe es.

Sie sind beide traurig und trösten einander, so gut es geht, und an der Oberfläche geht es ziemlich gut. Viele Male geht es ziemlich gut.

Aber allen beiden kommt immer öfter etwas dazwischen, sie reisen einander auch nicht mehr über lange Strecken nach, um einen halben Tag oder ganz selten auch eine Nacht zusammen zu verbringen.

Ganz unmerklich vergrößert sich der Abstand zwischen ihnen.

Aber sie bleiben Freunde. Und treffen sich hin und wieder.

«Wenn wir sechzig sind, heiraten wir», hat B. einmal gesagt.

Und Tova mußte darüber lächeln.

Aber heute, als sie sich daran erinnert, lächelt sie nicht. Erst jetzt versteht sie, wie er das gemeint hat. Wenn sie erst sechzig sind, ist es nicht mehr zu spät.

Dann sind beide halbe Menschen. Und dann macht es auch nichts mehr aus.

Um Elina Lindströms willen ist Tova zornig auf B. und kann es nicht ertragen, ihn zu sehen.

Das ist einer der Gründe, warum sie B. nicht fragen will, was mit einer Frau passiert, die einen Mann vergewaltigt hat. Eine halbe Frau, die einen ganzen, richtigen Mann gedemütigt hat.

B. würde alles tun, um ihr Steine in den Weg zu legen. Er würde sie daran hindern, sich an der Männlichkeit zu vergreifen.

Es hat keinen Sinn, B. zu fragen.

Also ruft Tova den Rechtsanwalt Torvald Sandberg vom Anwaltsbüro Viking & Pedersen an. Er hat damals für sie und Jon die Scheidung geregelt.

Tova bekam das Sorgerecht für die Söhne. Jon mußte für jedes Kind 150 Finmark im Monat bezahlen und hatte das Recht, sie jeden Sommer zwei Wochen bei sich zu haben, außerdem an jedem zweiten Weihnachtsfest und dazwischen an Wochenenden je nach Absprache.

Der Anwalt war gar nicht auf die Idee gekommen, daß Jon sich besser dazu eignen könnte als sie, sich um die Jungen zu kümmern.

Auch Tova war nicht auf diese Idee gekommen. Sie ging davon aus, daß sie sich besser dazu eignete und daß ihr die Kinder am nächsten stünden.

Wie es Gerichte und Frauen seit jeher getan haben.

Eine besondere Frauenfeindlichkeit war wohl kaum der Grund für diese gerichtliche Entscheidung. Tova ist dem Rechtsanwalt Sandberg sehr dankbar, daß er sich an dieses althergebrachte Vorurteil gehalten hat.

«Ich brauche nur eine Auskunft», sagt sie jetzt zu dem Anwalt. «Was für eine Strafe steht darauf, einen Mann zu vergewaltigen?»

«Wie bitte?» sagt Anwalt Sandberg. «Was haben Sie gesagt, Frau Randers?»

Tova wiederholt ihre Frage.

«Es handelt sich also um homosexuelle Nötigung, einen Augenblick, laut Paragraph ...»

«Nein, nicht homosexuell», sagt Tova. «Eine ganz gewöhnliche heterosexuelle Vergewaltigung. Wenn eine Frau einen Mann vergewaltigt, mit welchen rechtlichen Folgen muß sie dann rechnen?»

Für eine Weile wird es ganz still. Dann sagt der Anwalt: «Ich verstehe nicht, was Sie damit meinen, Frau Randers. Nach unserem Strafgesetzbuch, Kapitel zwanzig, Paragraph eins, kann eine Frau nicht wegen Vergewaltigung angeklagt werden. Das kann nur ein Mann. Ein Mann kann aber nicht vergewaltigt werden.»

«Natürlich kann ein Mann vergewaltigt werden», sagt Tova. «Wenn eine Frau ihn dazu zwingt. So wie ein Mann eine Frau dazu zwingt.»

Der Anwalt hüstelt.

«Ein Mann ist ... nun ja, er ist nicht so beschaffen, daß er vergewaltigt werden kann, Frau Randers», sagt er. «Es geht einfach nicht. Es ist unmöglich. Und außerdem, wie sollte man die Nötigung beweisen? Unter welchen Umständen ist es überhaupt denkbar, daß eine Frau einen Mann vergewaltigt? Nein, dieser Fall ist im Gesetz nicht vorgesehen.»

«Danke für die Auskunft», sagt Tova. «Auf Wiedersehen.»

Sie kann sich Torvald Sandbergs Verwirrung lebhaft vorstellen. Sie muß kichern, als sie sich vorstellt, wie er sich die Haare rauft und sein graues Haupt schüttelt, ein Mann kann bestraft, aber nicht vergewaltigt werden, Frau Randers.

Aber dann wird sie ernst.

Männer können bestraft werden. Aber vergewaltigt werden können sie nicht.

Frauen können vergewaltigt werden, sogar mehrmals. Eine Frau kann wiederholt von demselben Mann vergewaltigt werden, nur weil sie es nicht wagt, sich zu wehren. Und das wagen die wenigsten. Sie meisten gehen auch nicht zur Polizei. Sie reden nicht einmal darüber.

Viele Männer werden wegen Vergewaltigung bestraft, aber noch viel mehr kommen unbehelligt davon. Viele versuchen sich herauszureden, werden aber trotz ihres Leugnens verurteilt, nur auf Grund der Aussage der Frau.

Er hat mich vergewaltigt, dann haben wir Kaffee getrunken, und dann hat er mich noch mal vergewaltigt.

Haha.

Was für eine komische Geschichte. Zum Totlachen.

Aber wer hat ein Interesse daran?

Wer profitiert davon, daß Frauen ständig in der Angst herumlaufen, überfallen und vergewaltigt zu werden?

Hat nicht jemand sogar mal gesagt, wenn Frauen keine Angst vor einer Vergewaltigung hätten, dann würde keine Frau je vergewaltigt werden?

Demnach würden also Männer nicht vergewaltigt werden, weil sie nie auf die Idee gekommen sind, daß jemand es überhaupt versuchen könnte. Trotz des Bischofs von Oporto.

Der Bischof von Oporto wollte außer Landes reisen, und die Revolutionspolizei unterzog ihn einer Leibesvisitation. Falls er versuchen sollte, Devisen aus dem Land zu schmuggeln. Und dabei zog die Polizei dem Bischof die Hosen herunter.

Er schloß die Augen und dachte an seinen Herrn und an seine Schande. Und als die Schande des Bischofs publik wurde, gab es Mord und Totschlag. Menschen verloren ihr Leben, weil man dem Bischof von Oporto die Hosen heruntergezogen hatte.

So tief wird ein Mann durch eine Leibesvisitation gekränkt. Wie kränkend wäre es nicht erst, wenn er wirklich einem Akt der Gewalt ausgesetzt würde, einer Vergewaltigung, vor der Frauen sich täglich und mit gutem Grund fürchten?

Vielleicht ist es an der Zeit, einen Mann zu kränken. Vielleicht ist es endlich an der Zeit, die Rollen zu tauschen, um nach und nach alle Rollen abzuschaffen. Damit nichts mehr undenkbar und nichts mehr selbstverständlich ist.

Vielleicht bringt es irgendeinen Mann zum Nachdenken und irgendeine Frau zum Aufruhr. Vielleicht ist es nur der Anfang. Vielleicht wird sich alles ändern, irgendwann!

Voller Zuversicht beginnt Tova mit ihren Vorbereitungen. Als die Jungen abends aus dem Haus sind, stöbert sie in Micks Schubladen herum, sieht sein Waffenarsenal durch.

Endlich findet sie, was sie gesucht hat. Eine Reklamebroschüre liegt ordentlich zusammengefaltet unter der Plastikpistole.

«Dies ist die Waffe, die den Wilden Westen beherrschte», steht da. «Colt m/1851. Entscheide dich für einen Colt oder Peacemaker, die legendären Waffen des Wilden Westens. Den Wilden Westen gibt es nicht mehr, aber die Legende vom Revolver lebt weiter. Jetzt kannst du dir Imitationen kaufen, die genauso schön sind und bis in die kleinsten Einzelheiten den Originalmodellen entsprechen. Du kannst den Hahn spannen, auf den Abzug drücken, das Magazin rotieren lassen. Alles ist absolut echt, bis auf eins – man kann nicht damit schießen. Du brauchst also keinen Waffenschein dafür.»

Tova wiegt die Pistole in der Hand. Sie würde sofort drauf reinfallen. Wenn jemand dieses Ding auf sie richtete, würde sie nicht im geringsten daran zweifeln, daß man auch damit schießen kann.

Bestimmt wird auch Martti Wester nicht zweifeln. Das wird er nicht wagen. Er muß annehmen, daß die Waffe echt ist. Eine

ängstliche, unsichere Frau mit einer Pistole, die aus Versehen los-
gehen kann. Er wird es nicht wagen zu zweifeln.
Was braucht sie außerdem noch?
Einen Nylonstrumpf. Micks Strickmütze. Und ein Seil. Einen
Knoten. Sie muß lernen, einen Knoten zu machen, der bom-
bensicher hält, damit er sich nicht losreißen kann.
Sie übt mit einem orangeroten Seil, das sie gekauft hat. Eine Pla-
stikleine, stark wie ein Drahtseil. Ganz nebenbei bittet sie die
Jungen um Hilfe. Wie macht man einen festen Knoten. Der nicht
verrutscht und sich vor allem nicht löst. Den man leicht mit einer
Hand knüpfen kann. Falls die andere Hand gerade nicht frei
ist.
Mick fragt sie, ob sie in ein Ferienlager will.
Jockum bringt ihr die Achterschlinge bei. Die macht sie immer
und immer wieder, bis sie es sogar im Dunkeln kann. Mit einer
Hand.
Nachmittags und abends beschattet sie Martti Wester, manchmal
mit Perücke, meistens ohne. Er sieht sie nie an, wenn sie sich begegnen, also ist es eigentlich egal.
Sie erfährt eine ganze Menge über den Mann, der Martti Wester
heißt.
Zum Beispiel, daß er gar kein so fleißiger Bowlingspieler ist. Alle
zehn Tage geht er mal in den Club, macht ein paar lahme Spiele,
beklagt sich bei dem Mädchen am Kiosk über den Zustand der
Bahnen und über die Verwirrung, die linkshändige Spieler stif-
ten. Linke Trampel nennt er sie.
Dann meint er, mit seiner Kugel könne etwas nicht stimmen. Er
will sich eine neue besorgen und die Löcher selbst bohren.
Er fragt nach Saku und erfährt, daß er diese Woche verreist ist.
Dann trollt er sich, ohne einen Blick auf Tova zu werfen, die am
Schwarzen Brett die Ergebnisse vom letzten Wettkampf stu-
diert.
Er läßt seinen Wagen vor dem Clublokal stehen und schlendert
davon. Die Runebergsgatan entlang, das ist Tovas Heimweg. To-
va folgt ihm. Vor dem Gartenlokal Elite bleibt er stehen, geht
hinein und setzt sich an einen Tisch. Er bestellt etwas, das er mit
Coca-Cola vermischt. Tova setzt sich an die Hecke, mit dem
Rücken zu ihm. Sie trinkt Kaffee.
Es ist acht Uhr.
Nach kurzer Zeit hat Martti Wester es geschafft, zwei junge Ty-

pen vom Nebentisch herüberzulocken, er lädt sie zu ein paar
Runden von seinem Coca-Cola-Gemisch ein, Tova denkt, daß es
wahrscheinlich Rum ist. Er redet sehr laut. Sein Wagen sei wie
eine Geliebte, schnurre bei jeder Berührung, sagt er, ein Mercedes zweihundertfünfzig, sandfarben.
Hundertachtzig steht darauf, das hat Tova gesehen. Und ein Diesel ist es. Aber darauf kommt es vielleicht gar nicht an, was versteht sie schon davon.
Jedenfalls sind die beiden beeindruckt.
Er verspricht einem von ihnen einen Job. Bei seinen fabelhaften
Beziehungen könne er sich schon vorstellen, mal ein gutes Wort
einzulegen, wenn es nötig ist. Falls sie ihm dafür hin und wieder
mal eine Frau besorgen könnten, sagt er zwinkernd.
Sicher können sie das. Sie kennen genug, die zu allem bereit sind,
wie Tova zu hören bekommt.
Darauf stoßen sie an. Als sie aufstehen, schwankt Martti Wester
leicht, seine Augen glänzen. Er will jetzt ins Kino, ins Ritz.
Ein Duft von Frauen heißt der Film.
O ja. Diesen Duft kennt er gut. Er selbst bevorzugt zarte Pflan-
zen mit dem Duft von frischem Dill, erfährt Tova. Aber zur Ab-
wechslung mag er auch mal ein kräftigeres Aroma, wie von ...
Hier verliert Martti Wester den Faden.
«Jetzt reicht es aber mit der Blumensprache», grinst er. «Die mei-
sten mögen es am liebsten, wenn man es gerade heraus sagt und
alles beim richtigen Namen nennt, dann werden sie erst richtig
saftig.»
Sie bleiben eine Weile vor dem Kino stehen und bewundern die
Bilder. Dann gehen sie hinein.
Tova geht nach Hause.
Sie hat keine Lust, ins Kino zu gehen. Wahrscheinlich macht er
danach weiter, geht noch auf einen Drink irgendwohin, und
wenn er Glück hat, beißt eine an und geht mit ihm nach Hause,
die Fredriksgatan entlang.
Und in dieses Bett.
Offenbar ist es doch nicht so gut gegangen. Jedenfalls ist das Auto am nächsten Morgen weg. Tova macht einen Umweg, als sie
zur Bibliothek geht, um nachzusehen, ob das Auto noch da
steht. Offenbar hat es diesmal kein Nachspiel gegeben.
Tagsüber ist er in seinem Geschäft. Öfter trinkt er im Lokal gegenüber einen Kaffee, mittags ißt er dort gewöhnlich einen Teller

Nudelauflauf oder Kohlsuppe. Manchmal geht er ins Café Bigi.

Einmal geht er mittags ins Restaurant Robert. Den Nachmittag nimmt er sich frei. Er taucht auch nicht auf, solange Tova gegenüber sitzt und wartet. Sie verliert seine Spur.

Aber das macht nichts.

Sie weiß schon viel mehr als vor zwei Wochen.

Sie weiß, daß er fast keine Freunde hat. Bis auf Saku vielleicht, aber der ist wohl noch verreist, jedenfalls läßt er sich nicht blikken. Martti Wester geht immer allein essen, auch die Abende verbringt er offenbar meistens allein. Falls er sie nicht so spät beginnt, daß Tova es schon satt hat, in der Stenhuggaregatan Wache zu halten.

Eines Nachmittags hat er plötzlich zwei kleine blonde Jungen in seinem Laden, noch unter dem Schulalter, ungefähr vier und sechs Jahre alt. Da macht er schon um halb fünf zu.

Mit großem Interesse beobachtet Tova, wie er sich ihnen gegenüber verhält. Er nimmt sie mit ins Lokal gegenüber, bestellt ihnen eine Limo, den Kuchen dürfen sie sich selbst dazu aussuchen, sagt er. Aber als sie sich nicht sofort entscheiden können, wird er ungeduldig.

«Zwei Mandelkuchen», sagt er zu dem Mädchen. «Wir können doch hier nicht den ganzen Tag rumtrödeln.»

Er ärgert sich auch, als sie sich bekleckern. Aber das Mädchen hinter der Theke kommt zur Hilfe, sie bringt Servietten und nimmt den Kleineren mit aufs Klo.

Als sie zur Tür hinausgehen, geht Martti Wester voran. Er sieht sich nicht um und merkt nicht, daß der Jüngste fast von der Tür eingeklemmt wird.

Aber Tova sieht es. Sie rennt hin und hält die Tür auf, damit das Kind mit heiler Haut davonkommt. Martti Wester steht schon auf dem Trottoir und schließt sein Auto auf.

Dann fahren sie weg.

180. Ein Diesel. Genau, wie sie dachte. Mit der Wahrheit kann Martti Wester sich offenbar nur selten begnügen. Und um seine Kinder hat er sich bestimmt noch nie gekümmert, das ist ihm deutlich anzumerken.

Tova fragt sich, wie lange er wohl schon geschieden ist und warum er sich hat scheiden lassen.

Das erfährt sie nicht.

Eigentlich will sie es auch gar nicht wissen. Sie will seine Kinder nicht sehen, will ihn nicht kennenlernen, will nicht wissen, daß er Lachgrübchen hat, wenn er mit dem Mädchen hinter der Theke schäkert, daß er vielleicht eine Mutter hat, die er gern mag, und daß er zuinnerst schrecklich unglücklich und einsam und eigentlich ein ganz netter Kerl ist. Ein ganz gewöhnlicher Mann. In vielerlei Hinsicht.

Das alles will sie nicht wissen.

Jetzt ist es genug. Wenn sie mehr erfährt, wird alles unmöglich. Opfer dürfen keine persönlichen Gesichtszüge haben. Und Henker tragen immer eine Kapuze.

Die Zeit ist reif. Am Dienstag abend soll es passieren, hat sie beschlossen.

Am Dienstag morgen sagt sie zu den Jungen, daß sie abends erst spät nach Hause kommen wird, sie sollen die Fleischklöße aus dem Eisschrank aufwärmen, sich zum Nachtisch Eis kaufen und danach ins Kino gehen, hier habt ihr Geld, bitte schön. Und dann sollen sie ins Bett gehen und nicht mehr auf sie warten.

Sie packt die Jeans in ihre Tasche und dazu eine alte Lederjacke, die noch von Jon stammt. Auch die übrigen Requisiten verstaut sie. Sicherheitshalber steckt sie auch einen Vorrat an Migränetabletten ein.

Die Pistole natürlich. Micks Peacemaker.

Und ein paar säuerliche Äpfel, falls sie eine Erfrischung brauchen sollte.

Der Tag vergeht im Zeitlupentempo. Greta-Lis hat einige von den Mitgliedern der Freizeitgruppe kurzfristig zu einer Besprechung gebeten, um einen genauen Arbeitsplan zu machen. Auch Tova ist dabei.

Greta-Lis ist sehr aufgekratzt, sie bittet immer wieder Tova um ihre Meinung, außerdem sagt sie ständig: Herr Vorsitzender, meiner Ansicht nach, Herr Vorsitzender, und Tova findet, daß sie alles durcheinanderbringt. Grützkopf-Lis, denkt sie und muß dabei heimlich lachen.

Während Greta-Lis die Vor- und Nachteile von Abendkursen gründlich analysiert, sitzt Tova da und denkt über ganz andere Dinge nach. Sie schaut einen stämmigen Herrn an, Mitglied der Zentrumspartei, den Greta-Lis zu ihrem Vertrauensmann ernannt hat. Ob er fähig wäre, jemand zu vergewaltigen? Seine Frau beispielsweise, wenn er samstags nach der Sauna einen gekippt hat und feuchte Augen kriegt und sein Bauch schwabbelt, und er macht gemeine Bemerkungen über ihre drallen Schenkel oder über die Art, wie sie die Kinder erzieht oder Fleischklöße brät, oder er kritisiert ihre politische Anschauung, falls sie beispielsweise Kommunistin ist, na denn geh doch in den Osten, sagt er, dann wirst du ja sehen, ob die sozialistische Moral ausreicht, um ordentliche Waren zu produzieren und Häuser zu bauen, die nicht gleich zusammenfallen, und dann wird sie böse und ist schrecklich verletzt und verachtet ihn vielleicht wegen seiner Beschränktheit und seines autoritären Gehabes und denkt, daß er blöd ist, und will auf keinen Fall was mit ihm zu tun haben an diesem Samstag, schließlich hat es ihm gestern auch nicht gepaßt, als sie gern wollte.

Und dann? Was macht dieser Lars-Olof Lundin dann, dieser nette Beamte und Vater von drei Kindern? Drängt er sich seiner Maj-Britt oder Maj-Lis auf, verdreht er ihr den Arm, hält sie fest, wälzt sich auf sie, obwohl sie protestiert und ihm ihre Verachtung zeigt?

Und wie verhält sie sich? Wie schafft sie es, gegen ihren Willen mit ihm zu schlafen, beißt sie ihm in den Hals, oder unterwirft sie sich, weil sie wahrscheinlich denkt, daß es so am schnellsten vorbeigeht, beißt sich statt dessen selbst in den Arm und macht die Augen zu, während sich ihr vor Ekel und Verachtung der Magen umdreht ...

«Das stimmt doch, Tova? Oder nicht?»

Tova ist weit weg. Sie hat keine Ahnung, wovon die Rede ist.

«Wir müssen Fahrgelegenheiten organisieren», sagt Greta-Lis irritiert. «Für die Mütter von kleinen Kindern, und außerdem Babysitter, wie es in der norwegischen Untersuchung vorgeschlagen wird.»

Lars-Olof Lundin sieht Tova ironisch an.

Sie wirft ihm einen wütenden Blick zu.

So ein Chauvi hat überhaupt keinen Grund, ironisch auszusehen.

Er hat seine Frau garantiert vergewaltigt, wenn nicht an diesem Samstag, dann an einem anderen.

Alle Männer haben das getan.

Aber die Frauen sind natürlich auch Schuld daran. Warum weigern sie sich nicht? Warum sagen sie nicht, ich habe jetzt gerade keine Lust, jedenfalls nicht mit dir.

Aber auf die Dauer kann das natürlich nicht gutgehen.

Wenn sie ihn halten wollen, sagen sie besser nichts.

Und die meisten wollen weitermachen, trotz allem.

Außerdem hilft es nicht viel, einen Lars-Olof gegen einen Sven-Erik oder einen Bengt-Johan auszutauschen, solange das Grundmuster unverändert bleibt. Solange einer von beiden stark und der andere schwach ist. Solange einer abhängig ist und der andere die Bedingungen diktiert.

Ist es wirklich so?

Verwirrt sieht sie Lars-Olof Lundin an, dann murmelt sie eine Entschuldigung. Eigentlich ist sie mehr an ihn gerichtet als an Greta-Lis.

Es spielt keine Rolle mehr. Die Besprechung ist beendet.

Greta-Lis hat sich Urlaub genommen, sie kann mit ruhigem Gewissen verreisen, nach all ihren Anstrengungen und mit Tovas umfangreichem Material im Gepäck.

Elina Lindström liegt frisch operiert im Krankenhaus.

Tova Randers setzt sich auf die Bank neben ihrem Kleiderschrank und ißt drei Scheiben Schinken und zwei Tomaten. Sie hat keine Zeit, nach Hause zu gehen und sich etwas zu kochen. Heute wird sie Martti Wester in seiner Wohnung vergewaltigen, Stenhuggaregatan 5 B, Vierter Stock.

Kurz nach acht, wenn der Spätdienst in der Bibliothek zu Ende ist.

Während Tova sich in der Personaltoilette der Bibliothek umzieht, geht sie noch einmal sorgfältig ihren Plan durch, Schritt für Schritt. Wie sie es schon so oft in den letzten Tagen getan hat.

In Martti Westers Treppenhaus, im Kellergeschoß, wird sie den Nylonstrumpf über den Kopf ziehen, ihn aber aufrollen, so daß er unter der Mütze verborgen ist. Und Handschuhe wird sie anziehen, damit sie nicht wie ein Amateur wirkt. Dann wird sie den Revolver auspacken und ihn in die Tasche von Jons Jacke stecken. Ihre Tragetasche muß sie an der Kellertür stehenlassen. Für alle Fälle hat sie sich vergewissert, daß kein Name darin ist.

Dann wird sie den Aufzug nehmen. Oder, falls er schon besetzt ist, die fünf Treppen zu Fuß gehen. Wenn sie das macht, muß sie oben ein Weilchen stehenbleiben, bis sie nicht mehr außer Atem ist. Das wird bestimmt nötig sein, wenn sie zu Fuß geht, und nervös genug wird sie ohnehin schon sein.

Wenn sie auf der Treppe jemand begegnet, wird sie einen Stock höher oder einen Stock tiefer gehen und so tun, als suche sie einen bestimmten Namen, und wird dann wieder hinuntergehen. Bis alles still ist. Wenn es sein muß, kann sie das mehrmals wiederholen.

Wenn sie vor seiner Tür steht, wird sie sich den Strumpf übers Gesicht ziehen. Dann wird sie klingeln, laut und fordernd, hat sie sich vorgenommen. Wie Sancho klingelt. Sie hat einmal im oberen Stockwerk auf der Lauer gelegen, als Sancho zu Besuch kam. Sie hat ihn gerade noch von hinten erkannt, bevor Martti Wester die Tür hinter ihnen zumachte.

Und wenn Sancho gerade in diesem Moment kommt?

Wenn sie nur schon in der Wohnung ist, spielt es keine Rolle mehr. Sie hat ja den Revolver. Damit kann sie ihn in Schach halten, so daß er es nicht wagt, an die Tür zu gehen.

Sie wird also klingeln. Wenn er aufmacht, schlüpft sie rasch hinein, zieht mit der linken Hand die Tür hinter sich zu und hält mit der rechten Hand den Revolver ruhig auf ihn gerichtet.

«Dies ist ein Überfall», wird sie dann sagen und ihm durch den Strumpf hindurch starr in die Augen sehen. «Wenn du tust, was ich sage, passiert dir nichts.»

Dann wird er rückwärts vor ihr her durch das Wohnzimmer mit

dem Sofa gehen, igitt, sie will lieber nicht daran denken, durch das Wohnzimmer also und ins Schlafzimmer hinein. Mit dem Fuß wird sie die Tür zustoßen.

Und dann.

Wird sie ihm befehlen, sich auszuziehen.

Auf sein Bett soll er sich legen, sie muß an etwas anderes denken, damit ihr nicht schlecht wird, wenn sie noch einmal so nahe an dieses Bett kommt. Sie wird sich auf ihn konzentrieren und darauf, wie sie ihn dazu bringt, sich rücklings aufs Bett zu legen.

Mit der linken Hand wird sie die Stricke hervorziehen, die sie an ihrem Gürtel befestigt hat, jeden mit einer offenen Schlinge. Dann wird sie ihn fesseln. Sie wird mit den Armen anfangen, zuerst den rechten, weil er am gefährlichsten ist, dann den linken und dann die Beine. Jeweils an einen Bettpfosten.

Erst wenn er fest angebunden ist, wird sie ihm erklären, weshalb sie gekommen ist. Sie wird sich die Mütze und den Strumpf herunterreißen und die Jacke wegschleudern. Und dann wird sie sich ihm vorstellen, mit ihrem vollen Namen, den hat sie ihm letztes Mal gar nicht gesagt, Name und Beruf und so weiter, sie hat keine Angst, daß er sich an ihr rächen könnte, das wird er niemals wagen.

Denn nachdem sie ihn vergewaltigt hat, und zwar so, daß es sichere Beweise dafür gibt, daß sie es wirklich getan hat, Sperma auf ihren Kleidern und auf ihm und auf dem Bett und vielleicht sogar auf den Stricken, wird sie ihn einfach liegenlassen. Dann wird sie die Polizei anrufen, während sie noch mit dem Revolver auf ihn zielt, und wird sich selbst anzeigen. Sie wird verlangen, daß die Polizisten herkommen und sie festnehmen. Damit sie ihn in seiner ganzen Pracht sehen. Und sie selbst mit dem Revolver daneben.

Natürlich werden die Polizisten sie für verrückt erklären.

Das wird sie sofort bestreiten.

Ihr irrt euch, ich bin überhaupt nicht verrückt, wird sie sagen, und dann wird sie sich ihnen vorstellen. Sie wird sie auffordern, sich zu setzen, damit sie ihnen erklären kann, welchen Hintergrund das Ganze hat und was sie damit bezweckt.

Wenn sie es wünschen, wird sie ihn losbinden, bevor sie die ganze Geschichte erzählt.

Sie wird sich auf keine spitzfindigen Fragen einlassen. Das wird sie sich für die Zeitungen aufsparen. Und für die Rundfunk- und Fernsehreporter.

Sie wird nur erklären, sie sei gedemütigt worden, und sie habe keine andere Möglichkeit gehabt, sich Genugtuung zu verschaffen, als denjenigen, der sie gedemütigt hat, ihrerseits zu demütigen. Und sie glaube, dies sei die einzige Art, ihn davon abzuhalten, weiterhin andere Menschen zu demütigen.

Vielleicht würde das auch andere Männer von potentiellen Vergewaltigungen abhalten.

Verbrechen sind nämlich ansteckend, wie sie gelesen hat. Je ungewöhnlicher ein Verbrechen ist, desto häufiger wird es nachgeahmt. Oft gibt es ganze Serien von Verbrechen auf der ganzen Welt, die bis in die Einzelheiten genauso ausgeführt sind, wie es in den Zeitungen beschrieben wurde.

Die Zeitungen berichten ja mit Vorliebe von Verbrechen. Weil die Leute so gern in den widerlichen Einzelheiten schwelgen und von Dolchstichen, stumpfen Gegenständen, Blutlachen und den Kleidungsstücken des Opfers lesen wollen.

Und dann pilgern die Leute zum Tatort, stehen herum und genießen die Aufregung.

Es wird eine Sensation sein, sich die Stenhuggaregatan anzusehen.

Tova kommt sich richtig bedeutend vor, als sie von der Bibliothek aus zu ihrem Unternehmen startet. Sie ist dabei, eine bahnbrechende Handlung zu begehen. Sie wird einen Präzedenzfall schaffen. Wird etwas tun, was im Gesetz nicht vorkommt, was noch nie passiert ist und was bisher völlig unvorstellbar war.

Ein Mann kann bestraft, aber nicht vergewaltigt werden.

Sie wird sich sehr genau überlegen, was sie den Journalisten sagen will. Am liebsten möchte sie selbst die Fragen stellen.

Was ist das für eine Gesellschaft, möchte sie fragen, in der Vergewaltigungen an der Tagesordnung sind? In der die Hälfte der Bevölkerung sich davor fürchten muß, vergewaltigt zu werden? Was ist das für eine Kultur, die es zuläßt, daß ein Mann eine Frau vergewaltigt, aber nicht, daß eine Frau einen Mann verwaltigt? Wie ist es möglich, daß die nackte Gewalt so tief in das Denken eindringen konnte, nennt man das nicht Faschismus?

Das sind die Fragen, die sie stellen möchte.

Auf tausendfache Weise kann ein Mann eine Frau demütigen, nur weil sie eine Frau ist. Und deshalb verleugnen Frauen ihre Weiblichkeit, verdrängen und verachten sie, wollen wie Männer sein, sprechen die Sprache der Männer, mit langen, komplizierten Wendungen und Phrasen, die doch nur die Leere dahinter verdecken sollen. Oder die Gefühle. Männer wagen es nicht, Gefühle zu zeigen, auch wenn sie welche haben. Sie verstecken das, was sie fühlen, hinter Worten, und manchmal sind diese Worte häßlich. Vor allem, wenn es um Frauen geht.

Und das ist ansteckend. So kommt es, daß auch Frauen von sich selbst und voneinander eine schlechte Meinung haben.

Aber kann eine Frau einen Mann demütigen, nur weil er ein Mann ist? Kann Männlichkeit überhaupt gedemütigt werden? Oder ist das undenkbar? Da nun einmal Generationen von Frauen es ehrerbietig unterlassen haben, ihre Vergewaltiger zu vergewaltigen.

Ist es nicht an der Zeit, umzudenken? Damit nicht noch eine Generation

o Gott!

Mick und Jockum.

Jetzt muß sie doch mit ihnen darüber reden, bevor alles an die Öffentlichkeit kommt. Damit sie es nicht mißverstehen und gänzlich das Vertrauen in sie verlieren.

Auf dem letzten Stück des Weges führt Tova einen Dialog mit ihren Söhnen Mick und Jockum, die weder Kinder noch erwachsene Männer sind, sondern irgendwo dazwischen stehen.

Sie kennt sie ja so gut. Sie glaubt genau zu wissen, wie sie reagieren werden. Ganz unvermittelt kann sie es ihnen nicht sagen. Ich habe heute nacht einen Mann vergewaltigt. Nein, das geht einfach nicht. Sie muß es ihnen behutsam erklären und ihnen verständlich machen, daß es notwendig war. Daß sie gute Gründe dafür hatte.

Moment mal, wie würde Jon Randers sich verhalten?

Jon Randers, ihr Vater, den sie bewundern. Ein typischer Mann.

Jetzt weiß sie, wie sie es anfangen will.

Erinnert ihr euch noch, ihr beide, wie Papi mit Kim stadtauswärts um die Wette gefahren ist, wird sie sagen. Er hat gewonnen. Genau achtundvierzig Minuten, drei Minuten weniger als Kim. Glaubt ihr, er hätte sich an die Geschwindigkeitsbegrenzungen und an das Überholverbot bei den durchgehenden weißen Linien gehalten? Von wegen! Aber es war toll, daß er gewonnen hat, nicht wahr?

Er ist ein rasanter Autofahrer, findet ihr nicht? Und wehe, wenn ihm mal eine Frau am Steuer den Weg versperrt. Oder wenn sie glaubt, sie hätte an einer Kreuzung die Vorfahrt. Oder wenn sie an einer Autobahnauffahrt vor ihm losfährt, sobald die Ampel auf Grün springt. Dann sorgt er schon dafür, daß sie ihre Lektion kriegt, überholt sie und wechselt dann direkt vor ihrer Nase auf ihre Fahrspur über, so daß sie nur noch mit knapper Not bremsen kann, die blöde Ziege. Ihr wißt ja, wie er das immer macht. Diese Frauenzimmer sollen sich bloß nichts rausnehmen. Und sich mit einem Mann anlegen, der so viele PS unter der Motorhaube hat.

Das laßt euch nur gesagt sein.

Erinnert ihr euch noch an die Geschichte, die er so gern erzählt hat, von einem jungen Mann, der in seiner Firma auftauchte und sich für eine große Nummer hielt, Geschäftsführer von irgendeinem Unternehmen in der Provinz, ein Grünschnabel, aber trotzdem vom Chef dazu auserwählt, mit den gestandenen Männern zu arbeiten? Wißt ihr noch, was für eine Abreibung sie ihm nach der Weihnachtsfeier in der Firma gegeben haben? Als alles zu Ende war, haben sie ihm zu mehreren aufgelauert, euer Vater und ein paar von den harten Burschen, zu dritt haben sie sich auf ihn gestürzt und ihn in die Mangel genommen, daß er Nasenbluten bekam und schließlich in Ohnmacht fiel. Dann sind sie abgehauen, bevor die Polizei kam. Und der Neue hat sie nicht angezeigt, er hat nicht gesagt, wer ihn zusammengeschlagen hat, und bei der Arbeit hat er sich nichts anmerken lassen. Aber seitdem wußte er, wo sein Platz war. Er hat nie mehr aufgemuckt. Toll, was?

Wie findet ihr die Welt der Männer? Und die Spielregeln der Männer? An die wollen wir uns halten, nicht wahr, damit es uns gutgeht und wir in dieser Welt nach oben kommen.

Jockum wird blaß werden. Jockum haßt jede Art von Gewalt. Deswegen mußte er sich auf dem Schulhof jeden Tag prügeln, als er klein war. Damit man ihn in Ruhe ließ und er spielen konnte, mit wem er wollte. Am liebsten spielte er mit einem Mädchen, das Bimbi hieß. Und er mußte sich für Bimbi prügeln, daran kann Tova ihn erinnern.

Als er drei Jahre alt war und nach dem Sommer in Schweden

mit Pete und Eiri auf dem Hof kein Wort Finnisch mehr reden konnte, mußte er ihnen eine ordentliche Abreibung geben. Das verstanden sie. Nachdem sie sich das Blut weggewischt hatten, war er sofort akzeptiert.

Jockum hat sich geprügelt, um der sein zu können, der er ist. Heute muß Jockum sich nicht mehr prügeln.

Aber Mick ist härter. Mick ist ein richtiger Schürzenjäger, so jung wie er ist. Alle Redensarten von Jon Randers finden sich bei Mick wieder.

Eines Abends hat Tova gehört, wie er Jockum eine Lektion erteilte.

«Weißt du, Frauen wollen, daß man sie ein bißchen kurz hält», sagte er. «Ruf sie nicht an, wenn du es ihr versprochen hast, sondern zwei Stunden später oder erst eine Woche danach. Dann ist sie butterweich.»

Jockum machte einen Einwand, den Tova nicht verstand. Aber Mick redete einfach weiter:

«Du mußt immer mehrere auf einmal haben. Das hat Papi gesagt. Ich hab mal gehört, wie er mit Benko darüber sprach. Es ist so langweilig, immer wieder denselben Eintopf zu essen, hat er gesagt. Und jung müssen sie sein. Wenn sie alt werden, tauscht man sie einfach aus. Oder wenn sie Theater machen und einem auf die Nerven gehen.»

Tova weiß, daß Jockum solche Sprüche überhaupt nicht mag. Aber was soll er schon darauf antworten? Genau das hat Jon ja getan. Er hat genau nach den Regeln gelebt, die er lehrte. Hat Tova ausgetauscht. Gegen eine Jüngere.

Aber das hatte ja noch viele andere Gründe. Gründe, über die Jon Randers mit keinem Menschen auf der Welt reden würde, dazu kennt Tova ihn gut genug. Er hatte immer größere Schwierigkeiten. Es waren immer mehr schwarze Höschen und Whisky und Pornohefte nötig, damit er überhaupt Lust bekam. Er brauchte immer stärkere Anreize.

Und zuletzt schien es, als hätte ihre sexuelle Gier eine abschreckende Wirkung auf ihn gehabt. Sogar in ihrer letzten gemeinsamen Zeit konnte sie ganz widersinnige Höhepunkte erreichen, mit Hilfe von Verachtung und Widerwillen konnte sie sich in eine Raserei hineinsteigern, die ihn vollends fertig machte. Je mehr es sie gelüstete, ihn zu bezwingen und auszusaugen, je mehr Saft und Kraft sie aus diesem Mann herauspressen wollte, den sie einmal über alles in der Welt geliebt hatte, je aktiver und fordernder sie wurde, desto weniger wollte er ihr geben.

Statt dessen verhöhnte er sie und versuchte, sie zum Schweigen zu bringen.

«Du wirst die Jungen aufwecken», konnte er sagen. «Hör auf, so zu kreischen. Du benimmst dich ja verdammt noch mal wie eine Nutte.»

«Aber genau das willst du doch», schrie Tova ihn an. «Du bist doch immer nur auf Nutten aus. Mit schwarzen Höschen und Stiefeln und Goldkettchen um die Taille. Das ist es doch, was du willst, oder etwa nicht?»

Sie rupft eine Tulpe aus der Vase auf dem Tisch, steckt sie sich hinters Ohr, wackelt mit den Hüften, so gut sie eben kann, und wirft ihm schließlich die zerfledderte Blume ins Gesicht.

Dann bricht sie weinend zusammen, und er nimmt sein Kissen und legt sich aufs Sofa im Wohnzimmer. Wieder hat Tova eine Möglichkeit verpaßt, etwas zu kitten.

Wahrscheinlich wollte sie die Beziehung zwischen sich und Jon Randers gar nicht mehr kitten. Auch wenn sie wütend auf ihn wurde, als er sagte, er wolle sich schnell scheiden lassen, um Birgitta zu heiraten. Die ein Kind von ihm erwartete.

Es war Tova, die sich hatte sterilisieren lassen. Sie waren beide überein gekommen, daß dies die beste Möglichkeit wäre. Einer von ihnen sollte sich sterilisieren lassen. Aber er konnte es nicht sein. Sie hatten beide eingesehen, daß dies ein allzu gefährliches Experiment wäre. Er würde es vielleicht nur schwer verkraften. Während sie ihrerseits ganz sicher war, daß es sie überhaupt nicht beeinflussen würde. Sie wollte niemals, unter keinen Umständen, noch ein Kind haben.

Wer von beiden es machen ließ, spielte keine Rolle. Es lief auf dasselbe hinaus – sie würden keine Kinder mehr bekommen.

Aber sie vertraute ihm. Sie glaubte wirklich, er sei vernünftig genug, um Vorkehrungen zu treffen, wenn er mit anderen Frauen zusammen war. Schreiend warf sie ihm seine Schlamperei vor.

«Ich habe wirklich geglaubt, sie hätte dafür gesorgt», sagte Jon ruhig.

«Aber hast du sie denn nicht gefragt? Hast du dich nicht vergewissert, ob es auch stimmt?»

«Warum hätte ich das tun sollen?» sagte Jon. «Ich finde, das ist wirklich die Sache der Frau, wenn sie nun mal nicht schwanger werden will.»

Tova ist grenzenlos empört. Aus vielen verschiedenen Gründen. Sie kann nicht mal genau auseinanderhalten, aus welchen Faktoren der Haß besteht, der in ihr hochsteigt. Sie weiß nur, daß sie verraten worden ist, hundertfach verraten. Nicht allein von Jon, sondern vom ganzen männlichen Geschlecht. Von den Männern, denen alles egal ist, die die Frauen einfach im Stich lassen, immer wieder, auf verschiedene Weise. Die Frauen müssen stets für die Folgen geradestehen, worum es auch geht. Kinder oder keine Kinder. Vögeln oder nicht vögeln. Solange nur ihre kostbare Potenz nicht bedroht ist, solange nur ihre Männlichkeit Triumphe feiern kann, kümmert es sie nicht, wer dafür bezahlen muß.

Scheiße, Scheiße, Scheiße.

Wohin geht sie überhaupt? Wohin haben ihre Füße sie getragen, während ihre Gedanken alte Geschichten gewälzt haben, längst überwundene Probleme, die jetzt keinerlei Bedeutung mehr haben.

Oder bedeuten sie doch noch etwas?

Warum steht sie nicht an der Kreuzung der Stenhuggaregatan, wo sie eigentlich sein sollte, sondern in der Bergmansgatan, mehrere Häuserblocks weiter, in der falschen Richtung.

In Karis Richtung.

Ist es ein Zufall, daß Kari der einzige war, der sie einen Augenblick lang daran zweifeln ließ, ob sie recht daran getan hatte, die Chirurgen mit ihren Skalpellen auf ihren Körper loszulassen. Es war der Augenblick, als Kari sich auf den Ellbogen stützte, sie ansah und sagte:

«Wenn ich nicht schon Kinder hätte, dann würde ich gern eins mit dir haben.»

Eine Sekunde lang wird ihr schwindlig. Aber es ist gleich wieder vorbei.

Dann gibt sie ihm einen Kuß auf die Backe, umarmt ihn, sagt, es sei schon so mehr als genug, und sie bräuchten keine Kinder, um diese Augenblicke auf ewig festzuhalten.

Warum hat er das eigentlich gesagt?

Schon einige Wochen später, oder waren es nur ein paar Tage oder Stunden – so genau kann sie es gar nicht wissen –, hat er vielleicht genau dasselbe zu der Frau mit den weißen Zähnen gesagt. Und hat es bestimmt ebenso ernst gemeint, wenn nicht noch ernster.

Ist es eine besondere Gunst, für die eine Frau zutiefst dankbar sein sollte, daß sie möglicherweise als Blumentopf dienen darf, um all die einzigartigen Eigenschaften dieses hervorragenden Mannes zu reproduzieren, die er der Nachwelt vermachen möchte, zum ewigen Gedenken daran, daß er auf dieser Welt existiert hat? Besonders, wenn er nun also schon die Anzahl von Kindern hat, die er für richtig und angemessen hält.

Dann kann er ruhig diesen Köder auswerfen. Die Beute ist ihm sicher, in der Form von besonderer Hingabe und ständigem Gedenken.

Als wären diese Momente nicht in sich selbst genug.

Ist es das, woran sie alle zweifeln? Daß sie vielleicht trotz allem nicht gut genug sind?

Was will Martti Wester den Frauen mit Hilfe von Handschellen und Peitschenhieben einprägen? Seine eigene Unzulänglichkeit?

Plötzlich macht Tova auf dem Absatz kehrt. Ihr sorgfältig ausgeklügelter Zeitplan droht zu platzen.

In wenigen Minuten ist sie in der Stenhuggaregatan.

Niemand sieht Tova, als sie zur Haustür hineingeht.

Sie fühlt sich ganz ruhig. Eigentlich ist sie erstaunt darüber, wie ruhig sie ist. Sie hat alles genau durchdacht, sie braucht es nur noch auszuführen. Wenn man nervös ist, liegt es nur daran, daß man keinen ordentlichen Plan gemacht hat, sagt sie sich.

Am Anfang geht auch alles nach Berechnung. Niemand ist im Treppenhaus, niemand merkt, daß Tova Randers zum Kellereingang hinuntergeht, wo sie genaugenommen nichts zu suchen haben dürfte. Niemand sieht, daß sie lange da steht, die Enden der Stricke an ihrem Gürtel befestigt, die Schlaufen kontrolliert, den Strumpf über den Kopf zieht und ihn hochrollt, die Mütze darüberstülpt. Schließlich die Handschuhe überstreift und den Revolver im Ärmel versteckt.

Dann macht sie sich auf den Weg nach oben.

Zuerst bis zum nächsten Treppenabsatz, wo sie auf den Knopf des Aufzugs drückt.

Gerade als der Aufzug hält, kommt ein Mädchen an, ein junges Mädchen in einem geblümten Flatterrock, wie es dieses Jahr groß in Mode ist, mit roten Zehennägeln. Sie lächelt freundlich und stellt sich wartend vor die Gittertür.

Warum lächelt sie?

Warum müssen Frauen immerzu lächeln, bei jeder Gelegenheit irgend jemand anlächeln?

Hab mich gern, hab mich gern.

Oder was soll dieses ewige Lächeln sonst heißen?

Tova verkneift es sich, das Lächeln zu erwidern. Sie fragt das Mädchen, in welchen Stock es will. Ohne den Mund zu verziehen.

«Siebter Stock», sagt das Mädchen und wirft ihr einen langen Blick zu.

Bis ganz hinauf, natürlich. Tova drückt den dritten Stock, sie vermeiden es, einander anzusehen, während sie hinauffahren. In dem Moment, als Tova aussteigen will, wirft sie einen Blick in den Spiegel.

Und erstarrt.

Der Aufzug steht. Tova starrt ihr eigenes Spiegelbild an.

Starrt das an, was eigentlich Tova Randers sein sollte, es aber ganz und gar nicht ist. Wie sieht sie bloß aus, um Himmels willen?

Ein entsetztes Augenpaar starrt ihr aus einem weißen, angespannten Gesicht entgegen. Der Mund ist total verkniffen, die Haare sind gänzlich unter einer etwas ausgeleierten Strickmütze mit Blumenmuster versteckt, der Hals ragt nackt aus Jon Randers' Lederjacke hervor, die der Trägerin viel zu groß ist, und die Schultern läßt sie beschämt hängen.

Sie sieht wahnsinnig komisch aus.

Völlig bescheuert.

Kein Mensch, der sie so sieht, wird sie ernst nehmen, was auch immer sie sagt, und am allerwenigsten, wenn sie mit einem Raubüberfall droht und mit eiskalter Miene die Waffe zückt.

Es stimmt hinten und vorn nicht. Es ist aussichtslos.

Es geht daneben, es läuft total schief.

«Dritter», sagt das Mädchen auffordernd.

Tova Randers beginnt zu lachen. «Haha, so was Idiotisches, so ein Blödsinn, hahaha.»

Und sie kichert und kichert, kann überhaupt nicht aufhören, während sie aus dem Aufzug steigt, sie hält sich die Hand vor den Mund, das Lachen blubbert nur so aus ihr heraus, o je, wie soll sie nur mit ihrem blödsinnigen Gelächter aufhören, hier in Martti Westers Treppenhaus?

Sie läßt sich auf die unterste Treppenstufe sinken. Was in aller Welt hat sie sich eigentlich vorgestellt? So hat sie jedenfalls nicht zu Hause ausgesehen, als sie in den Spiegel schaute, da stand Ulrike Meinhof oder der Bankräuber Clark Olofsson oder irgend so eine stahlblaue Gestalt mit erhobener Waffe vor ihr, na ja, einmal zeigte die Pistole zwar die falsche Richtung, aber das hat sie gleich gemerkt, und seitdem achtet sie genau darauf, sie richtig zu halten, denn das ist ihr schon klar, daß es einen ziemlich blöden Eindruck macht, wenn der Räuber sich selbst in den Bauch zu schießen droht.

aber als Hanswurst

als trauriger Hanswurst mit einer reichlich dämlichen Laienvorstellung

nein, so hat sie sich vorher noch nie gesehen.

Nicht einmal ein dreijähriges Kind, das noch an den Weihnachtsmann glaubt, würde Tova Randers abnehmen, daß sie ein Räuber ist, der wirklich schießt.

Was soll sie bloß tun?

Da sitzt sie in diesem Haus, den Kopf an die kalte Steinwand gelehnt, und weiß, daß es in der ganzen Stadt kein Haus gibt, das ihr solche Angst einjagt wie dieses, mit all den Geräuschen, die von überall widerhallen und sie erschrecken, rauschende Wasserleitungen, ein Radio, das irgendwo laut und bedrohlich dröhnt, und irgendwo über ihr in diesem Haus ist ein Mann namens Martti Wester, er hat ein Sofa und ein Bett und einen Kassettenrekorder, den er vielleicht gerade jetzt laufenläßt, mit einer wummernden, widerwärtigen Musik, die kein Ende nimmt, Tova glaubt fest, sie könne sie hören, dum dadadum dum dum

jetzt kann sie sich davonschleichen, nach Hause gehen, niemand kann sie zwingen, noch einmal durch seine Tür zu gehen und seine Musik zu hören und seinen Geruch einzuatmen, was hat sie überhaupt mit seinem Leben zu tun

warum hat sie gemeint, sie müsse sich dazu zwingen, diesen Mann noch einmal vor ihren Augen zu haben, er hat ihr genug angetan, hat genug kaputtgemacht

was hat sie hier zu suchen?

Sie wird jetzt nach Hause gehen. Ein Bad nehmen. Sich ins Bett legen. Etwas Spannendes lesen. Sich die Grillen aus dem Kopf schlagen. Und weitermachen, als sei nichts passiert.

Was ist denn schließlich schon passiert? Sie sitzt doch hier, ist weder tot noch krank, nicht einmal verletzt. Na also. Was ihr passiert ist, ist schließlich nicht schlimmer, als daß es jeden Abend in jeder Stadt in jedem Land passiert, jahraus und jahrein.

Genau!

Und niemand tut etwas dagegen! Es geht immer nur so weiter. Bis endlich jemand . . .

Wenn sie jetzt umkehrt, ist sie besiegt, das spürt sie. Dann kann jeder kommen und sich alles erlauben. Sie wird sich in alles fügen, was ihr zustößt, wird dankend alles entgegennehmen, sich auf der Toilette ausweinen, damit niemand es sieht, und sich das Gesicht mit Wasser abspülen, wird nach den Bedingungen der Männer leben.

Wie bisher.

Denn ist es nicht genau das, was sie schon immer getan hat?

Hat sie nicht die Männer umkreist, umschwirrt und umflattert, hat sie nicht in erster Linie Frau sein wollen, statt einfach ein

Mensch? Irgendeine Frau, am liebsten eine, die ein bißchen anders ist als Tova Randers. Ein bißchen schöner und mit nicht ganz so breiten Hüften, ein bißchen sanfter und folgsamer und beflissener bei der Arbeit und im Bett, wie sei meint, daß andere Frauen sind.

Nach den Bedingungen von Jon Randers. Söhne gebären, Tee kochen und ein bißchen was dazuverdienen. Für eine Probezeit. Bis sie zu alt und zu aufmüpfig geworden ist.

Hat er sich je darum gekümmert, wer sie war, wer Tova Randers wirklich war, hinter ihrem Namen und unter ihrer Haut? Was ihr am Herzen lag, was sie dachte und meinte, wie sie die Welt und ihr Leben gestalten wollte?

Wenn sie von ihrer Arbeit erzählt, gähnt er.

Wenn sie ihm ihre Träume erzählt, und sie träumt jede Nacht, ganz phantastische Träume, so daß sie manchmal gar nicht aufwachen mag und in der nächsten Nacht versucht, den Faden genau da wiederzufinden, wo er abgerissen ist, wenn sie ihm ihre Träume erzählt, reagiert er gereizt, jaja, sagt er, Träume sind immer blödsinnig, was gibt es heute zu essen?

Sie träumt, daß das Haus brennt, und sie steht in einem der Seitenflügel und sieht zu, wie das Haus gegenüber brennt, und die Jungen sind noch klein, sie trägt sie zum Fenster, und sie springen, in Decken gehüllt, landen weich und sind gerettet.

Doch gegenüber kommt Jon Randers in den Flammen um, und es geht sie nichts an, sie trägt ihre eingewickelten Kinder davon.

B. hat ihr zugehört. Wahrscheinlich ist das der Grund, daß er einmal so wichtig für sie wurde, er wollte ihre Ansichten zu allen möglichen Fragen hören, was meinst du dazu, Tova, nein, ich möchte nicht wissen, was Jon meint, was meinst du selbst, hast du dir noch nie überlegt, was für Ansichten du zu dieser Frage hast, Tova?

Magst du Hunde, Tova?

Tova weiß es nicht. Sie hat keine Ahnung, ob sie Hunde mag oder nicht. Sie ist Mutter von zwei kleinen Kindern. Sie hat keine Ansichten, sie stillt, sie wärmt Fläschchen, sie manscht Breichen, füttert, tröstet und verpflastert.

Wenn B. nicht erreichbar ist – ist B. je erreichbar, wenn Tova ihn braucht? –, wenn er nicht da ist, erzählt sie ihm trotzdem, was sie denkt, wenn sie gerade nicht gut genug für Jon Randers ist, wenn er hinter verschlossenen Türen eine Stunde lang am Telefon turtelt und einen Wutanfall kriegt, sobald Tova die Tür einen Spalt breit aufmacht, dann spinnt sie einen Faden zu B. und klettert hinüber, verläßt Jon und die Jungen und das Zimmer, in dem sie mit ihrem Strickzeug sitzt, und für B. ist sie gut genug, er will sie haben, nur sie allein.

Spannung will er haben, er liebt das Risiko und möchte gefährlich leben, geh zur Hintertür hinaus, Tova, an der Telefonzentrale vorbei, sag, du wärst in der Ausleihe, im Keller, im Archiv, zwanzig weiße Minuten in deinem Terminkalender, B. erwartet dich unten im Hof, und als er dich neunzehn Minuten später wieder abliefert, hast du Flecken auf den Backen, und übrigens nicht nur da, deine Augen glänzen

kann ein Skalpell das Interesse für einen Menschen und alles, was er einem bedeutet, einfach abschneiden?

Unfruchtbar und überflüssig.

Und obendrein zu alt. Im mittleren Alter.

Das denkt Kari von ihr, wie Tova glaubt.

Wer entscheidet, wie jung eine Frau sein muß, um akzeptiert zu werden? Die nordischen Frauen sind schlank, blond und jung. Alle übrigen gehören irgendwo anders hin, sie sind weder zu sehen noch zu hören, noch überhaupt vorhanden, sie werden nicht gebraucht und brauchen niemand. Jedenfalls keinen Mann.

Keinen normalen, netten Mann. Aber solche Männer wie Martti Wester, die sehen diesen nicht vorhandenen Frauen in die Augen und wissen, daß sie zu fast allem bereit sind, daß sie Angst haben, es sich nicht mehr aussuchen zu können. Und daß sie viel zuviel Angst haben, um Ärger zu machen.

Es würde wie ein Bumerang auf sie selbst zurückkommen, wenn sie Ärger machten, das wissen sie, es würde sie nur selbst treffen. Männer wie Martti Wester wissen das.

Deshalb müssen Männer wie Martti Wester gestoppt werden. Irgend jemand muß den Mut haben, sie zu stoppen.

Tova hat den Mut dazu.

Tova weiß, daß sie Hunde mag, mittlerweile weiß sie es. Sie weiß recht gut, was sie von den meisten Dingen hält, und was den Rest betrifft, wird sie es noch herausfinden. Sie hat ein Recht darauf, eine eigene Meinung zu haben und dafür einzustehen.

Die ganze Maskerade ist ihr jetzt egal. Sie wird es einfach drauf ankommen lassen.

Sie wird mit ihm reden, statt mit der Pistole herumzufuchteln. Sie wird Martti Wester dazu bringen, daß er kapiert, was er getan hat, sie wird es ihm auf eine Art erklären, daß er am eigenen Leibe spürt, wie es ist, gefesselt und seiner Menschenwürde beraubt und gegen seinen Willen gezwungen zu werden. Sie wird dafür sorgen, daß er ihr zuhört und ihre Worte nie vergißt.

Es geht ja nur darum, die Worte richtig zu wählen.

Schlimmstenfalls hat sie ja immer noch die Pistole.

Sie kann ihn zwingen, ihr zuzuhören, wenn er es nicht freiwillig tut.

Erleichtert nimmt sie die Mütze ab und streift den Strumpf herunter, der sich eng um den Kopf gelegt hat, sie schüttelt ihre Haare und genießt es, daß sie ihr nicht mehr am Kopf kleben, zieht den Kamm hindurch und drückt noch einmal auf den Knopf des Aufzugs.

Sie will rasch noch einen Blick in den Spiegel werfen.

Na ja. Sie hätte sich natürlich anders anziehen können.

Die Jacke sieht immer noch fremd aus und sitzt nicht besonders gut, sie ist auch unnötig warm für den Hochsommer. Er wird sich bestimmt über ihre Kleidung wundern.

Das spielt keine Rolle. Es spielt wirklich keine Rolle, ob er glaubt, daß sie immer so angezogen ist. Wichtig ist nur, daß er kapiert, warum sie gekommen ist.

Rasch klingelt sie an Martti Westers Tür, bevor sie Zeit hat, es sich noch mal anders zu überlegen. Sie klingelt energisch, wie sie es beschlossen hatte. Ganz nach Plan.

Aber dann ist es auch schon aus mit ihren Plänen. Jetzt hat sie keine mehr.

Nur Angst hat sie. Und ihre Entschlossenheit.

Da geht die Tür auf, und er steht vor ihr. Tovas Herz klopft wild, ihre Angst ist größer, als sie geglaubt hätte, viel größer, als Martti Wester seine Wohnungstür aufmacht.

Sie hat Angst. Er ist erstaunt. Erstaunt sieht er Tova Randers an, die er nicht kennt.

«Guten Abend», sagt Tova schließlich, mit einem Zittern in der Stimme, das sie nicht beherrschen kann.

Dann verstummt sie. Jetzt soll er etwas sagen, damit sie darauf antworten kann.

«N'Abend, n'Abend», sagt Martti Wester und bleibt an der Tür stehen.

Was denkt er? Daß sie etwas verkaufen will, vielleicht das Himmelreich, sie muß jetzt rasch etwas sagen, bevor er die Tür zuschlägt, sonst hätte sie wieder die Chance, einfach abzuhauen, weil sie ja dann nicht hinein kann ... O nein.

«Kann ich ... darf ich einen Moment hereinkommen», sagt Tova. «Ich ... du erkennst mich vielleicht nicht ... du und ich ... ich bin schon mal bei dir gewesen. Am sechzehnten.»

Er sieht sie verständnislos an.

«Ich möchte mit dir über etwas reden», sagt Tova. «Über das letzte Mal, als ich hier war, du wirst dich schon erinnern, wenn ich es dir sage, es dauert nicht lange, falls ... falls du nicht gerade sehr beschäftigt bist ...»

Sie hört selbst, wie unterwürfig das klingt. Wie ihre Fragen förmlich zu einer abschlägigen Antwort einladen. Wie sie nur darauf wartet, noch mal eins in die Fresse zu kriegen.

Wenn sie hier nur einen Kratzfuß machen und sich entschuldigen und herumstottern will, kann sie ebensogut nach Hause gehen.

Den Teufel wird sie tun.

Das fehlte noch gerade, daß sie umkehrt, wenn sie schon so weit gekommen ist. Er hat seine Tür ja gar nicht zugemacht, er steht noch da und weiß auch nicht, was er sagen und was er mit ihr anfangen soll. Er ist auch unsicher. Er ist genauso unsicher wie sie!

Da geht sie einfach rein.

Bis ins Wohnzimmer geht sie, setzt sich dort aufs Sofa und achtet darauf, so zu sitzen, daß sie die Pistole schnell ziehen kann. Für alle Fälle.

Denn Judo hat sie ja nicht gelernt.

Dasselbe Sofa.

Na und. Sie hat keine Angst vor Sofas.

«Ich bin Tova Randers», sagt sie. «Du erkennst mich wohl nicht, oder?»

«Du kommst mir verdammt bekannt vor», sagt er und lächelt sie einladend an. «Ich weiß nur nicht, wo ich dich ...»

«Im Maestro», sagt Tova. «Am sechzehnten Juli. Und danach bin ich mit dir hierhergegangen.»

Er stößt einen Pfiff aus.

«Ach so», sagt er und wirft ihr einen forschenden Blick zu, wie sie da auf dem Sofa sitzt.

Sie spürt, wie sie dasitzt. Auf der äußersten Kante des Sofas, züchtig wie eine Lehrerin, wie eine Bibliotheks-Assistentin, die eine Audienz beim Chef hat, ehrerbietig, korrekt und auf der Hut, ohne jeden Hintergedanken.

Er dreht ihr den Rücken zu, geht zum Barschrank und macht sich dort eine Weile zu schaffen, immer mit dem Rücken zu ihr.

Seine Gedanken sind mit Sicherheit häßlich, Tova geht davon aus, daß Martti Wester nur häßliche Gedanken hat, wenn eine Frau bei ihm auf dem Sofa sitzt.

Was heißt hier häßlich?

Martti Westers Gedanken sind immer häßlich, womit sie sich auch beschäftigen, das steht für sie fest. In diesem Moment jedenfalls.

«Vielleicht möchtest du einen Drink haben, während wir – ein wenig plaudern ...» sagt er in einem vielsagenden Tonfall.

Er hat es keineswegs vergessen. Er weiß es noch genau. Und er glaubt außerdem, genau zu wissen, warum sie hergekommen ist.

Plötzlich ist der Haß da. Bevor Tova richtig gemerkt hat, daß er in ihr hochsteigt, explodiert er auch schon in ihr, ein weißglühender Haß, genauso glühend wie in jener Nacht, als sie in der Gewalt dieses Mannes war, der jetzt so selbstsicher dasteht und mit seinen Gläsern und Flaschen klirrt, sich womöglich für unwiderstehlich hält, sie hat wohl damals nicht genug gekriegt, sie hat sich nach ein bißchen Unterwerfung und ein bißchen Brutalität gesehnt, hat vielleicht seitdem von ihm geträumt, von ihm und seinen Stricken und seinem Likör

als Martti Wester sich wieder umdreht, ein Glas in jeder Hand, ein honigsüßes Lächeln im Gesicht und das Hemd ein bißchen weiter aufgeknöpft als eben, auch das noch

als Martti Wester sie zu einem Gläschen einladen will, zum Auftakt für einen Abend, der wie ein Geschenk des Himmels kommt, ganz unverhofft

steht Tova Randers plötzlich neben seinem Sofa, zielt mit einer Pistole auf ihn und sagt, mit ängstlicher Stimme und angstvollen Augen

daß er nie wieder einer Frau Gewalt antun wird, ohne selbst zu wissen, was es heißt, gegen seinen Willen zu etwas gezwungen zu werden

daß sie ihm erzählen wird, wie es ist, voller Angst und Schrekken zu sein und sich nicht befreien zu können, jemand auf Gnade und Ungnade ausgeliefert zu sein, dem man nicht traut und der nicht einmal sich selbst traut, der gefährlich ist in seiner Unsicherheit

wie Tova jetzt gerade.

Er bleibt wie angewurzelt stehen. Sie sieht einen neuen Ausdruck in seinen Augen, plötzlich sind sie voller Angst, plötzlich weiß er überhaupt nicht, was er von Tova Randers halten soll, was sie eigentlich von ihm will.

Er denkt, sie sei verrückt. Er kann gar nichts anderes denken.

Um so besser. Verrückte Menschen sind gefährlich.

Jetzt hört er ihr wenigstens genau zu.

«Nimm einen Schluck», sagt Tova, «trink ruhig, wenn du magst, aber ich möchte nichts haben, ich finde deinen Likör abscheulich. Und setz dich aufs Bett, denn ich brauche bestimmt eine Weile, um alles zu sagen, was ich auf dem Herzen habe, jaja, du sollst rückwärts gehen, rein in die Höhle des Löwen, das Bett ist doch weich, oder etwa nicht?»

Was hat Tova vor?

Sie will reden. Sie will nur reden und erklären und will dem, was sie sagt, mit der Pistole in der Hand Nachdruck verleihen.

Er fixiert die Pistole. Er hat sich auf sein Bett gesetzt, da sitzt er nun vor ihr und möchte am liebsten einen Satz machen und ihr die Waffe entreißen, sie wird es nicht wagen zu schießen, sie wird gerade lange genug zögern, daß er ihre Hand zur Seite schlagen kann, glaubt er. *Glaubt* er.

Aber sicher kann er nicht sein.

Versucht es statt dessen mit einem Scherz.

«Also hör mal, leg doch das Ding da weg», sagt er. «Komm her, dann machen wir es uns gemütlich, ich habe eine ganz andere Waffe, die gefällt dir bestimmt, komm nur, probier sie aus.»

Liegt es an seinem Tonfall, an seinem einschmeichelnden, zuckersüßen Lächeln, an seinen plumpen Worten oder an der Angst in seinen Augen? Woran liegt es, daß Tova sich plötzlich stahlhart und kalt und überlegen fühlt? Sie hat jetzt die Macht, und der Haß liegt ihr wie ein Eisklumpen im Magen.

«Du hast recht, laß uns spielen», sagt Tova. «Laß uns dasselbe Spiel spielen wie letztes Mal, los, runter mit den Klamotten, das Spiel hat dir doch gefallen, zieh dich aus, mein Junge, und leg dich hin.»

Sie merkt plötzlich, daß ihre Stimme ganz leise geworden ist, sie flüstert fast, und sie erinnert sich an den am meisten gefürchteten Lehrer in der Schulzeit, der immer leise sprach, wenn er wütend wurde, je wütender er war, desto leiser zischte er, und alle Schüler waren mucksmäuschenstill, es ist ganz falsch zu schreien, flüstern muß man, hinterhältig und gefährlich leise.

Als er zögert – warum zögert er diesmal, wo doch letztes Mal alles so leicht ging, warum ist jetzt alles ganz anders –, als er zögert, denkt sie, wenigstens ist er kein Exhibitionist.

Tova ist einmal einem Exhibitionisten begegnet, sie ist mit ihm im Aufzug bis in den vierten Stock gefahren, es hat ihr wenig geholfen, sich zu sagen, daß solche Leute in der Regel harmlos sind, daß sie nichts tun, wenn sie nur mit offenem Hosenschlitz dastehen können, daß sie nichts anderes wollen als die Verwirrung, den Abscheu und am liebsten auch die Angst der Frauen auskosten. Trotzdem zittert sie, als sie neben ihm in dem fensterlosen Aufzug steht, und der Aufzug fährt und fährt endlos weiter, wenn er jetzt auf den Notknopf drückt, wenn er den Aufzug anhält, und sie wäre stundenlang mit ihm auf zwei Quadratmetern eingeschlossen. Als der Aufzug endlich oben ist, wankt sie mit weichen Knien hinaus.

Es ist nichts passiert. Natürlich nicht.

Sie hat sich dann langsam beruhigt. Sie hätte mit ihm reden und ihm sagen sollen, daß es ihr nichts ausmacht, daß sie nicht schreien wird, daß sie ihn nicht widerlich findet.

Aber sie fand ihn ja widerlich. Und sie weiß, daß sie sich wieder genauso erschrecken würde, falls sie ihn noch einmal treffen sollte.

Und wenn sie noch so oft gelesen hat, daß Exhibitionisten völlig harmlos sind.

Doch Martti Wester ist keins von beiden, er ist weder ein Exhibitionist, noch ist er harmlos. Sie muß ihn mit ihrem Willen bezwingen. Sonst wird sie unterliegen und noch einmal zu seinem Opfer werden.

Sie hat oft darüber nachgedacht, daß man nur fest an das glauben muß, was man sagt, um jemand zu überzeugen, das ist das ganze Geheimnis, und Männer glauben vielleicht eher jemand, der brüllt, als jemand, der leise flüstert, sie haben diese militärische Regel verinnerlicht, daß man dem gehorchen muß, der am lautesten brüllt.

«Heee», brüllt Tova also wie ein Feldwebel, »heee, wird's bald, wollen wir nun unser Spielchen machen oder nicht!»

Und da zieht er sich tatsächlich aus und legt sich aufs Bett!

Tova redet weiter, es klingt fast wie ein kindliches Geplapper, aber das ist es nicht. «Erinnerst du dich an die Stricke, mit denen du mich gefesselt hast, jetzt habe ich selbst ein paar Stricke mitgebracht, sooo, hilf nur ein bißchen mit, dann geht es leichter, die rechte Hand duch die Schlaufe und eine Achterschlinge um deinen Bettpfosten, so ist es gut, und jetzt die linke Hand, und dann den einen Fuß und danach den anderen

gut gemacht, Martti Wester, na, wie fühlst du dich?»

«Komm her, dann wird es viel netter», sagt er, «komm ein bißchen näher, dann machen wir es uns warm und gemütlich. Du siehst ja, daß es so nicht besonders gut geht.»

Das sieht sie tatsächlich.

Es geht ihm überhaupt nicht gut.

Da beginnt Tova, ihn zu verspotten.

«Naaa», sagt sie. «Was ist denn mit dir los, du bist doch sonst so ein Bombenkerl. Hast du denn gar nichts zu bieten, ist das alles nur Angeberei, was du deinen Freunden immer erzählst? Du bist mir ja ein schöner Schlappschwanz, hahaha.»

Was sie sagt, gefällt ihm überhaupt nicht, und ihr Ton erst recht nicht. Er wird wütend.

«Was zum Teufel hast du überhaupt vor», sagt er. «Komm schon her, ich hab nicht die ganze Nacht Zeit. Wenn du gefickt werden willst, dann komm schon.»

Da verhöhnt sie ihn noch mehr.

«Soso», sagt sie, «nicht mal das schaffst du also, das ist doch der Wunschtraum aller Männer, das schönste Spiel, das ihr kennt, daß eine Frau euch fesselt und vergewaltigt, eine geile, verrückte Frau, davon träumt ihr doch, oder?»

Sie streift die Jacke ab.

Unter der Jacke ist sie nackt, und die Jeans schmeißt sie in die Ecke.

«Na, wird das denn noch mal was?»

Aber es wird nichts draus. Überhaupt nichts.

«Bind mich jetzt los», sagt Martti Wester, «das ist nicht mehr komisch. Wenn ich geahnt hätte, daß du total übergeschnappt bist, dann hätte ich mich im Maestro ja gehütet . . .»

«Und hättest dich statt dessen an eine andere rangemacht», er-

118

gänzt Tova. «Aber nun hast du es nicht gewußt und hast *mich* als Spielzeug ausgesucht statt eine andere, an *mir* hast du dich vergangen, *mich* hast du vergewaltigt.»

Jetzt zittert ihre Stimme, sie kann das Zittern nicht unterdrücken.

«Du hast dich nicht lange bitten lassen», sagt er. «Wenn du so scharf drauf bist, kann ich dir's meinetwegen noch mal machen. Bitte schön, ich stehe zu deiner Verfügung, wenn du nur diese Pistole weglegst, denn die finde ich verdammt störend dabei. Nicht, daß es letztes Mal besonders viel Spaß gemacht hätte, soweit ich mich erinnere ...»

«Es hat keinen besonderen Spaß gemacht», sagt Tova gepreßt. «Gewalt ist kein Spaß, nicht für das Opfer. Deine Spiele sind nicht so harmlos, wie du glaubst, kapierst du das langsam, Martti Wester, kapierst du, was du getan hast», schreit sie, und wieder steigt der Haß wie eine Welle in ihr hoch.

«Frauen werden erst so richtig geil, wenn man sie vergewaltigt, nicht wahr, sie winden sich wie verrückt unter deinen Händen, wenn du sie schlägst, endlich ein großer, starker, behaarter Mann, der sie überwältigt und sich den Teufel darum schert, wenn sie ihn anflehen, sie gehen zu lassen, jede Frau möchte vergewaltigt werden, das sagst du doch, oder nicht, das ist doch deine feste Überzeugung.»

«Na», fährt sie fort, «wie ist es denn mit den Männern? Euch geht es doch genauso, oder? Ihr seid doch nicht anders, ihr habt bestimmt nichts gegen so ein Spielchen, ihr laßt euch doch bestimmt gern an Bettpfosten binden und auspeitschen und verhöhnen, das macht euch doch auch ganz verrückt, ihr könnt's kaum abwarten, bis ihr endlich ordentlich gefesselt seid, was?»

Er sagt nichts. Sieht sie nur mit haßerfüllten Augen an.

Wie sie es damals getan hat. Und wie sie es jetzt wieder tut.

«Ich werde dich vergewaltigen», sagt Tova Randers.

Sie hört ihre eigenen Worte.

Aber noch glaubt sie nicht daran, ebensowenig wie er. Beide glauben, daß es zu dem Spiel gehört, das sie spielen,

ein Spiel, das lehrreich ist wie alle wirklich guten Spiele, man spielt das Leben, damit man es spielen kann, wenn man erwachsen ist, es geht eigentlich immer genauso weiter wie im Sandkasten und auf dem Spielplatz mit den Schaukeln, er hat mich gehauen, hat mir meine Schaufel weggenommen, ich darf nicht im Sandkasten mitspielen, die andern lassen mich nie schaukeln

einmal ist Gunvor vor die Schaukel gelaufen und wurde von ihr mitten in die Stirn getroffen, sie fiel hin und lag in einer Blutlache und war ganz weiß im Gesicht, und die Mutter irgendeines Kindes kam an, und dann haben sie Gunvor über die Topeliusgatan zum Rotkreuz-Krankenhaus getragen

und ich glaube, sie ist gestorben

aber es war nur ein Spiel!

und am nächsten Tag war der Sand nicht mehr blutig,

und wir haben geschaukelt, als sei nichts passiert, höher als alle anderen

sie will noch höher schaukeln als Martti Wester, sie will ihm zeigen, wer das Spiel am besten spielen kann.

«Das hat dir doch gefallen», sagt sie, «mir zu erzählen, wie ich aussehe, Brüste und Hintern und Schenkel und Fotze, Farbe und Form und Geruch und Geschmack, das hast du bestimmt nicht vergessen? Und wie siehst du selber aus? Hast du schon mal drüber nachgedacht, daß du über den Schultern zu schmal und um die Hüften zu breit bist, du solltest dir öfter die Füße waschen und weniger Bier trinken, dein Bauch ist zu dick. Und dein Schwanz ist zu klein!

Das vergißt du doch nicht zu erzählen», sagt sie, «daß du deinen Opfern immer ein Sofakissen unter den Hintern schieben mußt, sonst spüren sie es kaum, wenn du dich abrackerst, mein Junge.»

Und jetzt packt sie ein rasender Zorn auf ihn

wie er da liegt mit seinem schlaffen Ding, warum steht es ihm nicht, wo er doch meint, daß Frauen erst richtig geil werden, wenn man ihnen ihre intimsten Körperteile schildert, er soll nur nicht glauben, daß er davonkommt, bloß weil er keinen hochkriegt

sie reibt und sie zerrt

aber es tut sich nichts

nicht das geringste!

Da erzählt sie ihm, daß auch Häftlinge vergewaltigt werden, daß es im Gefängnis eine Hackordnung gibt, man kauft und verkauft Dienstleistungen, und wer nicht anders bezahlen kann, tut es mit seinem Körper, stellt seinen Körper zur Verfügung, man kann viel ertragen, wenn es sein muß, aber manche ertragen es nicht, manche hängen sich in ihrer Zelle auf, weil die Demütigung über ihre Kraft geht, aber Frauen! Frauen kann man jederzeit zwingen, man kann sie mitten am Nachmittag vergewaltigen und danach gut schlafen und am nächsten Tag zur Arbeit gehen, und wenn eine Frau nachts allein ausgeht, ist sie selber schuld, wenn Männer glauben, daß sie Gesellschaft haben will, was hat sie sonst nachts draußen zu suchen!

«Na, und wieso bist du besser dran als eine Frau

wieso meinst du, du wärst über die Möglichkeit erhaben, genau dieselbe Behandlung zu kriegen, Martti Wester? Ich kann noch deine Worte hören, als du mir beschrieben hast, wie ich aussehe, es war keine schmeichelhafte Beschreibung, aber das hat dich nicht gehindert, und heute kannst du mich nicht hindern, wenn du auch noch so untauglich und unbrauchbar aussiehst, mit deinem dicken Hintern, deinen Autoreifen um die Hüften und deinen Plattfüßen, was hast du dir bloß eingebildet, wenn du auf dem Tanzboden herumgestelzt bist und die Mädchen befummelt hast, hat denn auch nur eine einzige ein bißchen Vergnügen an dir gehabt, sag!»

Worte.

Auf Tova haben Worte immer eine starke Wirkung, und jetzt wirken ihre eigenen Worte auf sie

und auch der Geruch

er benutzt immer noch denselben Duft wie Kari

Kari, der wie Honig ist, sein Körper eine ganze Landschaft aus Licht und Schatten, und die Art, wie er sich bewegt und durch einen Raum geht.

Jener erste Abend, als sie plötzlich spürt, daß jemand sie ansieht, das ist er, er sitzt an einem Tisch weit weg von ihr, aber er sieht sie immerzu an, wie kommt es nur, daß sie den Blick nicht abwendet oder zu Boden schaut und ihn abschüttelt, noch nie hat sie es erlebt, daß sie einem Menschen über diese Entfernung hinweg so viel gesagt hat, und noch dazu einem, mit dem sie noch nie ein Wort gewechselt hat

nur zugehört hat sie ihm

zusammen mit vielen anderen Menschen hat sie seinen Vortrag gehört und hat dabei weniger auf den Inhalt geachtet als auf seine Formulierungen, seine Art, das auszudrücken, was er diesen Lehrern sagen möchte, sie geht sonst nicht zu solchen

Seminaren, es ist kaum wahrscheinlich, daß sie je eine Planstelle als Geschichtslehrerin bekommt, wo jetzt lauter Stellen gestrichen und die Lehrpläne geändert werden, aber diesmal wollte sie an der Diskussion teilnehmen, sein Vortrag war für den Nachmittag angesetzt, und als sie ihn gesehen hat, ist sie dageblieben

er geht durch den Raum

und da bleibt sie sitzen, aus Neugier, was ein Mann, der auf diese Weise geht, über den Geschichtsunterricht zu sagen hat, wie kann er es nur wagen, vor dieser Zuhörerschaft, denkt sie und schaut sich erschrocken um, als sie hört, was er sagt, aber nichts passiert, denn er benutzt keine provozierenden Worte, es dauert eine Weile, bis den anderen überhaupt klar wird, wovon er redet, so geschickt formuliert er es

man kann sagen, was man denkt

es kommt auf die Art an, auf die Worte, die man wählt, auf die Kunst der Formulierung

und jetzt formulieren sie und er quer durch den Saal:
Wo hast du nur gesteckt in meinem ganzen Leben?
Wie riechst du, der du so durch einen Raum gehst, daß ich es spüren kann?
Worauf warten wir noch? Warum gehen wir nicht hier weg?
Aber willst du nicht den Beifall auskosten und dich in deinem Erfolg sonnen?
Wir gehen! Jetzt sofort!
Noch nie hat Tova etwas so Selbstverständliches und zugleich Unbegreifliches erlebt. Ihre Füße tragen sie eine breite Treppe hinunter, und genau in der Biegung, wo sie weder von oben noch von unten jemand sehen kann, beschnuppern sie einander, und dann muß Tova ihn auch schmecken, und sein Duft und sein Geschmack behagen ihr sehr, kein Wunder, daß ihre Füße tanzen und daß die Luft draußen samtweich ist, es ist noch dazu Vorfrühling, sie gehen und gehen und reden dabei unentwegt, das Bedürfnis, einander nahe zu sein, wird immer stärker, aber sie gehen trotzdem nicht nach Hause, er hat natürlich Familie, und sie hat Mick und Jockum, sie will ihnen nichts verheimlichen, aber an diesem Abend möchte sie die Jungen nicht dabeihaben, dieser Abend gehört ihnen beiden ganz allein, und sie gehen einfach weiter.
In den folgenden Wochen rufen sie einander nicht an. Wenn er

nicht anruft, hat er seine Gründe dafür. Und Tova weiß, daß sie sich wiedersehen werden, sie hat keine Eile. Sie hat Zeit zu warten, sie will warten, dies ist etwas, worauf sie sich lange freuen will.

Es ist nur ein knapper Moment, bis die Geschichtslehrer ihre Jahresversammlung haben. Tova geht hin, zum erstenmal seit fünf Jahren. Sie geht durch das Frühlingslicht, blinzelt in die Sonne, es ist kurz nach Büroschluß, Menschen wimmeln um sie herum, sie hetzen, schleppen Einkaufstüten, haben es eilig, nach einem anstrengenden Tag nach Hause zu kommen, nur sie will jemand treffen, nach dem sie sich vierundzwanzig Tage lang gesehnt hat, und davor vielleicht schon neununddreißig Jahre lang, langsam geht sie durch die Innenstadt, und alle Menschen, denen sie begegnet, haben kein Gesicht, sie sind nur Silhouetten in der starken Frühlingssonne, die ihr mitten ins Gesicht scheint, wie sie da entlanggeht.

Sie denkt an die Treppen, die sie letztes Mal hinuntergegangen ist. Diesmal geht sie diese Treppen hinauf, und wenn sie oben ist, wird er da sein, in der Biegung lächelt sie glücklich und wirft einen Blick hinunter, niemand sieht einen, wenn man genau hier steht, dann sieht sie hinauf, auch von dort aus kann niemand etwas sehen, bevor man den nächsten Schritt gemacht hat, und das tut sie nun, immer noch ist sie glücklich, während sie die letzten Treppenstufen hinaufgeht, bald wird sie ihn sehen, sie ist mehrere Minuten lang glücklich, als sie vor dem Saal steht, in dem die Versammlung stattfinden soll, sie hält nach ihm Ausschau, aber er ist nicht zu sehen, glücklich setzt sie sich an einen Tisch, von dem aus sie den ganzen Saal und die Tür überblicken kann, durch die jetzt Lehrer in hellen Scharen hereinströmen.

Sie läßt ihren Blick durch den Raum wandern. Noch bevor sie all die Rücken studiert hat, weiß sie plötzlich: er ist nicht da. Er wird auch nicht mehr kommen. Sie hat keine Ahnung, warum sie so sicher ist, aber jetzt weiß sie es. Er kommt heute nicht.

Sie wird ganz schwer. Sie hört die Türen auf- und zuklappen, die Versammlung wird eröffnet, aber sie schafft es nicht, sich für die Leute und für den Vortrag zu interessieren. Das geht sie nichts an. Der einzige, der sie etwas angeht, ist nicht hier.

Als sie schließlich den Blick hebt, sieht sie, daß ein Mädchen mit dunklen, glatten Haaren sie mit durchdringenden blauen Augen ansieht. Tova kennt sie nicht, sie weiß nur, daß sie für eine befristete Zeit an einer der Schulen unterrichtet, als Vertretung für einen der älteren Lehrer, der krankgeschrieben ist.

Das Mädchen sieht sie unentwegt an.

«Wo unterrichtest du?» fragt sie, etwas anderes fällt ihr nicht ein.

«Am Abendgymnasium», sagt das Mädchen. Sie sieht Tova immer noch direkt ins Gesicht.

Am Abendgymnasium. Dort ist auch Kari. Das ist wahrscheinlich die Erklärung. Vielleicht weiß sie etwas. Vielleicht kann sie ihr etwas sagen.

Tova bringt es nicht über sich, sie zu fragen. Das Mädchen durchschaut sie, sie liest in ihr wie in einem Buch, sie weiß, was Tova fragen will, sie weiß auch die Antwort, wer weiß, was sie noch alles weiß.

Tova will es nicht hören.

Sie steht rasch auf, verläßt den Raum und geht nach Hause. Irgendwas in dem Blick dieses Mädchens bringt Tova zu dem Entschluß, nicht mehr an Kari zu denken. Er soll eine Episode von vierundzwanzig Tagen bleiben. Wenn sie sich wiedersehen, dann sehen sie sich eben wieder. Aber sie will nichts mehr tun, um ein Wiedersehen herbeizuführen.

Sie sehen sich doch wieder. Er ruft sie an, er ist über Ostern im Ausland gewesen, hat sich noch eine Woche zusätzlich freigenommen, seine Familie ist noch in Norwegen geblieben.

Sein Körper ist wie eine Landschaft.

Licht und Schatten, wenn er durch den Raum geht, sie brennt darauf, ihn zu sehen, jetzt kann sie keine Sekunde länger warten.

«Ich habe in meinen Gedanken schon hundertmal mit dir geschlafen, ob du da warst oder nicht.»

Darauf Tova:

«Ich möchte hundertmal mit dir schlafen, aber du mußt jedesmal wirklich da sein, hundertmal, oder tausend- oder hunderttausendmal. Oder nur jetzt gleich.»

Sie möchte ihn nicht für ihre Träume und Phantasien haben. Sie will ihn haben oder ganz auf ihn verzichten.

Auf ihn zu verzichten ist für sie unvorstellbar.

Und trotzdem

  trotzdem

   liegt Martti Wester hier vor ihr, Martti Wester, der Frauen wie

Kegel beim Bowlingspielen behandelt, eine nach der anderen umlegen, alle einfach umlegen.

Keinem Menschen hat Tova von Kari erzählt und davon, daß er sie verlassen hat, auch zu Kari selbst hat sie kein einziges Wort gesagt nach diesem Telefongespräch, die Sonnenreflexe an der Hauswand gegenüber von ihrem Fenster sind für ewig von diesem Gespräch geprägt, warum hat sie nur gerade in diesem Moment darauf geschaut, jetzt sagen sie ihr jedesmal dasselbe, wenn sie von den Papieren auf ihrem Schreibtisch aufsieht

wir können uns nicht mehr sehen, Tova

es gibt eine andere

ich habe ihr alles erzählt, sie weiß von dir, aber das ändert nichts, ich möchte nur, daß du weißt, daß sie es jetzt ist

damit du dich nicht wunderst.

Tova und sich wundern! Nach jenem Mal, als sie die beiden zusammen durch eine Tür gehen sah, sie und ihn, braucht niemand sich mehr zu wundern

eigentlich wußte Tova es schon damals, als Kari nicht zur Jahresversammlung kam und dieses Mädchen mit den dunklen Haaren sie unentwegt ansah,

aber damals war es noch unentschieden

damals litt das Mädchen dieselben Schmerzen wie sie selbst, und beide hatten plötzlich dieselbe Einsicht

du und ich

wir wissen übereinander Bescheid

heute hat ihn keine von uns

ich sehe die Kraft in deinem Blick, die Kraft deiner Gefühle

und du siehst dieselbe Kraft in mir

und keine von uns weiß, wie es ausgehen wird, zuerst du, dann ich, oder umgekehrt, oder keine von uns beiden.

Tova liebt dieses Mädchen um all der Dinge willen, die ihr Blick ausdrückt, um ihres Mutes willen, sie gibt sich nicht mit Kleinigkeiten ab, sie setzt alles auf eine Karte, gibt sich ganz und nimmt sich ebensoviel, nimmt alles, das ist die einzige Möglichkeit, Tova sieht, daß sie alles weiß und alles wagt

aber warum hat sie denn Angst?

was hat sie noch zu fürchten?

begreift sie denn nicht, daß sie niemals verlieren kann, wenn ihre Gefühle eine solche Kraft haben, dann geht ihr nichts verloren, selbst wenn sie einmal scheitern sollte, gewinnt sie dabei und wächst daran

oder ist sie dazu doch zu jung, zehn Jahre jünger und glatter, zehn Jahre ängstlicher als Tova

ist es die uralte Angst der Frauen, die aus ihren Augen spricht, daß sie zuviel zu geben hat, daß sie ihn erdrücken könnte

daß er ihr nicht genügt, daß niemand je genügt

daß sie ihn aussaugen und Saft und Kraft aus ihm herauspressen wird, bis er ihr nichts mehr zu geben hat und von ihm nur noch eine Schale übrig ist, ein graues, trockenes Geraschel

dann liegt die Schuld bei ihr, bei ihr allein

sie und Kari

B. und Jon und vor allem Martti Wester

für die ist alles ein Machtkampf, siegen und besiegen, unterwerfen und vernichten, und dann zum nächsten Schlachtfeld weitergehen

ich kann dich nicht sehen, denn ich habe jemand anders, ich kann nicht dein Freund sein, denn ich habe einen anderen Freund, immer zwei gegen den dritten, immer den Rücken nach außen und die Wärme nur nach innen

das ist eine verkehrte Wärme, eine Hitze, die alles von innen verbrennt, bis nur noch ein Häufchen Asche übrigbleibt

und lauter nackte Worte, die alles nur zerbröckeln lassen, es gibt Dinge, die nicht erzählt und beschrieben werden können, und dann hat er gesagt, und dann habe ich gesagt, und dann hat er dies gemacht, und ich habe jenes gemacht, und weißt du, was er dann

manche Dinge darf man niemand weitererzählen, es wäre nicht ehrlich, sondern nur grausam, sowohl für den, dem man es erzählt, obwohl er es gar nicht hören will, als auch für den, der dadurch ausgeliefert und entblößt wird, und dann und dann und dann

am schlimmsten sind solche Leute wie Martti Wester und sein Sancho, die alles mögliche anstellen, nur damit sie etwas zu erzählen haben, die das Messer in der Wunde herumdrehen, nur damit sie berichten können, wie das Blut gespritzt hat

aber jetzt ist ihm die Großkotzigkeit vergangen, wo er mal nicht die Bedingungen diktieren kann, und was wird er wohl davon zu erzählen haben?

Na schön, Stoff genug soll er kriegen

aber das Reden genügt ihr jetzt nicht mehr, die Angst in seinen Augen fordert viel mehr heraus als schöne Worte, und dann soll er auch mehr kriegen

wo ist der Strick, mit dem er sie geschlagen hat?

Tova hält einen Augenblick inne. Was sagt sie da? Was hat sie zu Martti Wester gesagt?

Sie kostet noch einmal ihre eigenen Worte aus:

«Jetzt werde ich dich vergewaltigen, Martti Wester.»

«Dir ist doch klar», sagt Martti Wester, «dir ist doch wohl klar, daß das nicht geht. Du kannst keinen Mann vergewaltigen.»

Sie hat es gesagt. Und sie wird es tun. Sie wird es ihm zeigen. Sie muß ihnen allen zeigen, daß jeder Mensch ohne Unterschied ein Opfer der Gewalt werden kann und daß Gewalt in jedem Fall etwas Falsches und Schlimmes ist, ein Übergriff, eine Überwältigung, etwas Übermächtiges

und gar nicht Seite an Seite, gar nicht, wie es sein soll

das kann man nicht mit bloßem Gerede zeigen!

«Sooo, Martti Wester», sagt Tova. «Ich kann also keinen Mann vergewaltigen? Bist du da ganz sicher, Martti Wester?»

Und sie legt die Pistole weg, vorsichtig, um seinetwillen vorsichtig, denn er glaubt ja immer noch, daß sie ein Spiel spielen, und das weiß ja jedes Kind, daß es gefährlich ist, mit Plastikpistolen zu spielen, sie legt die Pistole also vorsichtig auf das Ziegenfell vor seinem Bett, weit genug von ihm entfernt, aber gut sichtbar

sie hört kaum zu, als er weiterredet. «Es geht einfach nicht», sagt er, «wenn ein Mann nicht will, dann kann niemand auf der Welt ihn vergewaltigen, wenn er ihm nicht steht, dann steht er ihm nicht, da ist nichts zu machen, es lohnt sich nicht, er entscheidet selbst, ob er will oder nicht will und mit wem und wann

und mir dir will ich nicht, jetzt nicht, und schon gar nicht auf diese Art.»

Das sagt Martti Wester, und Tova hört es trotz allem ganz deutlich. Sie hört es totz allem, was sie tut, und sie tut ziemlich viel, um ihm zu zeigen, daß er nicht mehr über seinen Körper bestimmt.

Und Tova sagt:

«Wer hat behauptet, daß es dir kommen muß, damit die Vergewaltigung ein vollendeter Tatbestand ist und vor dem Gesetz
Gültigkeit hat? Was meinst du denn, wie es für die Frauen ist, die
du vergewaltigst? Glaubst du vielleicht, daß sie dabei Lust empfinden? Daß es ihnen Spaß macht, daß sie sich vor Wollust winden, daß sie einen Orgasmus nach dem anderen kriegen, bloß
weil du dastehst und sie besabberst? Wenn es keine Vergewaltigung ohne Orgasmus gibt, dann sind bestimmt noch nicht viele
Frauen auf dieser Welt vergewaltigt worden, da kannst du sicher
sein!
Daran habt ihr nicht gedacht, als ihr eure Paragraphen und Ge-
setzestexte verfaßt habt!
Aber eigentlich habt ihr ja natürlich recht. Die Demütigung ist
auch so schon groß genug für sie. Sie schämen sich so, daß sie
lieber schweigen, als ihren Vergewaltiger anzuzeigen.
Und deshalb ist es mir scheißegal, ob es dir kommt oder nicht,
Martti Wester. Das ist nicht entscheidend. Es spielt nicht die ge-
ringste Rolle. Vergewaltigt wirst du trotzdem!»
«Du kannst es nicht beweisen», sagt Martti Wester. «Du hast
nicht den geringsten Beweis dafür.»
«Keinen Beweis?»
Tova beugt sich über ihn, in diesem Moment merkt sie, daß sie
schon längst aufgehört hat zu spielen, das ist kein Spiel mehr,
und bestimmt keine Liebe, und jetzt kann sie zubeißen
    und das tut sie auch, sie beißt kräftig zu, und er schreit
    sonderbare Gedanken wirbeln ihr im Kopf herum, von einer
Frau, die angeblich im Wald von Kottby eine Brust abgebissen
gekriegt hat, im Sommer der Olympischen Spiele, von einem Ne-
ger natürlich, wie man mit wollüstigem Schauder erzählte, hat eigentlich schon mal jemand den Schwanz abgebissen gekriegt, Tova überkommt eine wilde Lust, dafür zu sorgen, daß das passiert,
die Eckzähne sind am schärfsten
    das wäre genau das Richtige, um ihm die Portion heimzuzah-
len, die sie beim letztenmal schlucken mußte, sie spürt den Geschmack noch bis in den Hals hinunter, es würgt sie, der Geruch
der gelben, widerwärtigen Blüten des Berberitzenstrauchs, diese
Spermasträucher mit ihren violetten Blüten, deren ekelerregender
Geruch im Frühjahr schwer über den Parkwegen liegt
    er schreit
Jetzt kommt Tova ganz aus dem Konzept. Jetzt vergißt sie die

Schachzüge, die sie genau durchdacht und berechnet hat, wenn er dies tut, wird sie das tun, wenn er aber jenes tut

jetzt hat sie auch nicht mehr die Fäden in der Hand, sie ist nicht mehr die Tova Randers, die weiß, was sie will, und die das tut, was sie sich vorgenommen hat, und nichts anderes. Die Person, die jetzt handelt, ist ihr unbekannt, sie hat sie noch nie in sich selbst entdeckt. Jetzt gibt es nur noch diese andere, keine Tova mehr.

Als er schreit, passiert etwas.

Die Frau, die vierzig Jahre alt ist und zwei Söhne hat, die sie liebt, richtet sich auf und spuckt den Mann an, der gefesselt zu ihren Füßen liegt. Sie schlägt ihn mit der flachen Hand. Ihre Handfläche brennt. Da schlägt sie ihn erst recht. Sie braucht etwas, womit sie härter zuschlagen kann. Wo hat er seine Stricke und Peitschen. Sie zieht die Schublade in seinem Nachttisch heraus. Da liegt der weiße Strick.

Es gibt einen Mann in Helsinki, der hat einen weißen Strick in einer Schublade neben seinem Bett. Solche Männer gibt es tatsächlich. Auch in ihrer Stadt.

Dunkelrot. Alles um sie her wird dunkelrot, als sie den weißen Strick sieht. Dunkelrote Wellen schlagen über ihr zusammen

es ist undenkbar, daß sei den Arm hebt, um einen gefesselten Menschen mit einem Strick zu schlagen

es ist undenkbar, daß irgendein Mensch so etwas mit einem anderen Menschen macht

ratsch, über die Brust, zuerst wird es weiß, dann dunkelrot

ratsch, über die Beine, weiß und dunkelrot

sie merkt, daß er glaubt, sie werde ihn genau zwischen die Beine schlagen, auf dieses schlaffe Ding

wo schlägt er selbst gewöhnlich hin?

sie hebt ihren Arm und steht breitbeinig über ihm

beugt den Körper zurück, um mehr Schwung zu kriegen

und da kommt das Ding hoch

da kommt es schließlich hoch!

Sie wirft den Strick weg. Reitet ein paarmal auf ihm, sitzt dann wieder ab, verschafft ihm und sich selbst mit der Hand die Erleichterung, die sie ihm versprochen hat.

Er weint. Das hat er letztes Mal nicht getan. Und es war ihm völlig egal, daß sie weinte.

Was geht es die Henker an, daß ihre Opfer schreien.

Es sind die Schreie, die den Henker zum Henker machen. Die Angst des Opfers provoziert die Vergewaltigung. Oder nicht?

«Oder nicht?» sagt Tova. «Stimmt das? Kann es sein, daß Angst und Schrecken die einzige Sprache ist, die du verstehst, selbst noch in der Lust das einzige, was du begreifst. Nicht nur die Angst und Qual der anderen. Sondern die Angst an sich. Die Qual an sich. Deine eigene und die der anderen. Ist es nicht so?» sagt Tova.

Er weint immer noch.

Sie nicht.

Noch darf sie nicht weinen. Noch hat sie nur die erste Hälfte von dem verwirklicht, was sie sich vorgenommen hat. Jetzt muß sie auch den Rest tun, damit das Ganze wirklich einen Sinn bekommt.

Eine Kamera hätte sie jetzt gern, um ihn zu verewigen, damit er es nicht so bald vergißt. Das sagt sie ihm auch.

«Für mich sind Worte genug», sagt sie, «ich höre Tag und Nacht deine Stimme, wie du mir meine Demütigung beschreibst, als du mir meine Menschenwürde genommen hast. Aber dir reicht das vielleicht nicht. Du müßtest es wahrscheinlich sehen, um dich zu erinnern, dir müßte man diesen Anblick unauslöschlich auf die Netzhaut brennen, damit du dich jedesmal selbst so siehst, wenn du den Arm heben willst, um zuzuschlagen, damit du jedesmal deine eigene Angst vor Augen hast.

Verständnis für das, was andere Menschen fühlen, hast du bestimmt nicht. Vielleicht wirst du es von heute an haben. Deine eigene Angst wirst du jedenfalls nicht vergessen.»

Es ist eine Weile still.

«Hör mal», sagt er dann.

Sie sieht auf, antwortet aber nicht.

«Tova», sagt er. Es ist das erste Mal, daß er sie mit ihrem Namen anredet.

Er hat ihn sich also immerhin gemerkt. Vielleicht wird er sich sogar an ihr Gesicht erinnern, nach *dieser* Begegnung.

Wie mag ihr Gesicht ausgesehen haben, vorhin?

Tova steht rasch auf. Jetzt reicht es. Es wird Zeit, diesen Auftritt zu beenden und den zweiten Teil des Plans in Angriff zu nehmen.

Er spürt ihre Entschlossenheit.

«Du», sagt er. «Bind die Stricke los. Wir machen es noch mal. Du bist mir ja 'ne tolle Nummer. Würde man gar nicht denken, wenn man dich so sieht.»

Tova ist plötzlich sehr müde. Am liebsten würde sie gehen, auf der Stelle, die Erinnerung an all das hinter sich lassen, rund um die Uhr schlafen und alles vergessen.

Davonlaufen, wie beim letztenmal.

Aber sie ist noch nicht fertig. Wenn sie an diesem Punkt haltmacht, wird alles sinnlos, Gewalt gegen Gewalt, und weiter nichts.

Wie er offenbar immer noch glaubt.

Trotz allem.

«Jetzt rufe ich die Polizei», sagt sie. «Und ich zeige mich selbst an.»

Martti Westers Tonfall verändert sich, erst jetzt wird seine Stimme todernst.

«Bist du verrückt geworden», sagt Martti Wester, vergewaltigt und an seine eigenen Bettpfosten gefesselt, «bist du denn total übergeschnappt, du blödes Weib?»

Er versucht sich aufzurichten, als wolle er sich erst jetzt mit aller Kraft losreißen, die Stricke schnüren sich fester um seine Handgelenke, er zerrt wütend daran.

«Anzeigen? Was soll das? Okay, eine Weile war es verdammt unangenehm, und du hattest kein Recht, in meine Wohnung einzudringen. Aber nimm doch ein bißchen Vernunft an, auch wenn du total bekloppt bist, geh nach Hause, und vergiß das alles, und ich verspreche dir, daß ich dasselbe tun werde. Wir werden es keinem Menschen erzählen. Einverstanden?»

«Es ist schon möglich, daß dir diese Behandlung tatsächlich reicht», sagt Tova. «Daß du nie mehr eine Frau gegen ihren Willen zwingen wirst. Jedenfalls kannst du es nicht tun, ohne zu wissen, wie es ist, wenn man sich schwach und ausgeliefert fühlt.»

Er schweigt.

«Aber Strafen haben ja offenbar keine abschreckende Wirkung, wie wir alle wissen», sagt sie. «Weder auf den Bestraften noch auf den, der das gleiche Verbrechen begehen will. Und leider bist du nicht der einzige, dem es verdammt viel Spaß macht, zu verletzen und zu quälen. Du mußt schon ein bißchen stellvertretendes Leiden auf dich nehmen, du mußt leiden, um auch den Opfern aller anderen zu helfen, all denen, die schon Opfer einer

Vergewaltigung geworden sind und die es in Zukunft noch werden, innerhalb und außerhalb der Ehe.»

«Darum», sagt Tova, «werde ich meine Strafe auf mich nehmen. Und ich werde dafür sorgen, daß jeder erfährt, wofür ich bestraft werde. Männer können bestraft, aber nicht vergewaltigt werden. Jetzt habe ich einen Mann vergewaltigt, also muß ich dafür bestraft werden können. Und diese Strafe wird vielleicht gar nicht abschreckend wirken. Vielleicht wird sie zur Nachahmung anregen!»

Erst jetzt begreift er die Tragweite ihrer verrückten Ideen, die Tragweite dessen, was sie mit ihm vorhat.

«Tova», ruft er ihr nach, als sie ins Wohnzimmer geht, «um Gottes willen, Tova, laß es sein, ich bitte dich, Tova, ich ... ich bezahle dir, was du willst, wenn du es nicht tust ...»

Sie antwortet nicht. Sie findet das Telefon, es steht neben dem Plattenspieler. Sie wählt die Nummer der Polizei. Sie hat sie auswendig gelernt, die Polizeistation in der Bangatan liegt am nächsten.

Zu der Stimme, die sich am anderen Ende meldet, sagt sie, sie heiße Tova Randers und habe gerade einen Mann namens Martti Wester vergewaltigt, sie befinde sich in seiner Wohnung in der Stenhuggaregatan und dort werde sie die Polizei erwarten.

«Einen Augenblick», sagt die Stimme.

Wahrscheinlich schickt er sofort einen Streifenwagen los, während er sie am Telefon festhält. Das machen sie bestimmt immer so, wenn sie eine Person an der Strippe haben, die gefährlich und zu allem entschlossen ist. Eine andere Stimme meldet sich.

Tova wiederholt, was sie gesagt hat.

«Was sagen Sie, daß Sie gemacht haben?» fragt die Stimme.

Tova sagt es noch einmal.

«Aber ich bin kein bißchen verrückt, wenn Sie das glauben», fügt sie hinzu. «Ich will bestraft werden. Ich will, daß es einen Prozeß gibt, damit diese Sache an die Öffentlichkeit kommt. Ich glaube, daß es sehr wichtig ist.»

Jetzt klingt die Stimme sehr bemüht und geduldig.

«Es gibt einen telefonischen Notdienst, wenn es ganz schlimm werden sollte», sagt der Polizist. «Versuchen Sie sich zu beruhigen, legen Sie sich hin, und versuchen Sie zu schlafen. Wenn das nichts hilft dann wählen Sie die Notdienstnummer. Sie steht im Telefonbuch.»

132

«Ich habe einen Mann vergewaltigt», schreit Tova. «Hören Sie denn nicht, was ich sage. Ich habe einen Mann vergewaltigt, der Martti Wester heißt. Er liegt gefesselt in seinem Bett. Ich habe ihn vergewaltigt.»

«So ein Glückspilz», sagt die Stimme. «Grüßen Sie ihn herzlich.»

«Ich habe einen Mann vergewaltigt», schluchzt Tova. «Ich habe einen Mann ...

Klick. Am anderen Ende wird der Hörer aufgelegt.

Aus dem Schlafzimmer ruft Martti Wester:

«Bind mich los, die Stricke scheuern, du sollst mich losbinden, verdammt!»

«Gleich», sagt Tova. «Wenn die Polizei hier ist.»

Dann setzt sie sich ganz still hin, die Hände im Schoß. Die Arme fühlen sich schwer an.

«Du Hexe», schreit Martti Wester. «Du verdammte Hexe! Eine Nutte bist du!»

Er reißt und zerrt an den Stricken, das Bett knarrt, bald wird er sich befreit haben, und was macht er dann mit ihr, was soll sie nur tun.

Damit hat sie überhaupt nicht gerechnet. Nie, nicht einmal in ihren wildesten Phantasien hat sie sich vorgestellt, daß sie ihr ins Gesicht lachen und den Hörer einfach aufknallen würden.

Das darf doch nicht wahr sein. Sie muß sich etwas einfallen lassen, und zwar schnell. Wie können sie es wagen? Liefern einfach das Opfer einer Vergewaltigung der Täterin auf Gnade oder Ungnade aus, geben ihr freie Hand, bitte schön, mach ruhig weiter, viel Spaß. Es wäre etwas ganz anderes gewesen, wenn ein Mann bei der Polizei angerufen und erklärt hätte, er habe sich an einer Frau vergangen, nachdem er sie gefesselt und ausgepeitscht habe.

Herrgott noch mal, wie blöd sie ist ... natürlich!

Rasch wählt sie die Nummer des Notrufs. Sobald sich jemand meldet, beginnt sie zu stöhnen und keucht in den Hörer:

«Vergewaltigung, kommen Sie schnell, Vergewaltigung, ans Bett gefesselt, ausgepeitscht, ein Verrückter, Vergewaltigung ... Vergewaltigung ...»

«Die Adresse, schnell», sagt die Stimme an ihrem Ohr. «Können Sie sagen, wo Sie sind? Sagen Sie langsam und deutlich, wo Sie sich befinden.»

«In der Stenhuggaregatan 5 B, vierter Stock», sagt Tova. «Wester. Schnell, beeilen Sie sich, ich habe Angst, daß er ...»

«Wir kommen. Wir sind sofort da», antwortet die Stimme. »Leisten Sie keinen Widerstand, falls er gefährlich ist.»

Dann wird die Adresse wiederholt und der Hörer aufgelegt.

«Tova», brüllt Martti Wester mit überschnappender Stimme, «Tova, du verdammtes Luder, warte nur, bis ich wieder frei bin, das wirst du bis an dein Lebensende bereuen.»

Tova hebt ihre Kleider auf, nimmt den Peacemaker, geht ins Badezimmer. Sie zieht sich an. Die Requisiten legt sie auf den Tisch neben der Tür. Dann kämmt sie sich, wirft einen raschen Blick in den Spiegel, rote Flecken auf den Backen wie immer, wenn sie aufgeregt ist.

Draußen ertönt Sirenengeheul, das sich nähert.

Jetzt braucht sie sich nicht mehr lange aufzuregen. Gleich werden sie hiersein. Gleich ist alles überstanden.

Ein Verbrechen ist kein Verbrechen, solange es nicht entdeckt ist. Dieses wird gleich entdeckt sein.

Sie steht hinter der Tür und horcht. Aus dem Schlafzimmer hört sie Martti Westers Stöhnen, er wirft sich im Bett hin und her. Aus dem Treppenhaus kommt das Geräusch von Schritten und leises Stimmengemurmel.

Es klingelt an der Tür. Ein schrilles, entschlossenes Klingeln.

Tova reißt die Tür weit auf. Drei Polizisten, voran ein älterer und dicht hinter ihm zwei jüngere, Schulter an Schulter. Sie starren sie alle drei an. Verwundert.

«Nun», sagt der Polizist, der ganz vorn steht, «hier wohnt doch Martti Wester, nicht wahr? Ist ... ist er zu Hause?»

«Zu Hause? Natürlich ist er zu Hause!» sagt Tova. «Im Schlafzimmer, da drin», sagt sie und deutet mit einem Kopfnicken in die Wohnung hinein.

Die Polizisten sehen einander an.

«Haben Sie gerade die Notrufnummer gewählt?» sagt der vorderste. «Sind Sie die Frau, die angerufen hat?»

«Ja, das bin ich», antwortete Tova. «Es geht um eine Vergewaltigung.»

«Aber ...» sagt der Polizist. «Sie ... Sie sehen gar nicht so aus, als wären Sie vergewaltigt worden. Sind Sie verletzt?»

Tova schüttelt den Kopf.

«Wir möchten gern mit ... mit dem Opfer reden.»

«Martti Wester», ergänzt Tova. «Bitte schön, kommen Sie herein.»

Die Polizisten kommen herein, zuerst der älteste, dann die beiden anderen. Der eine greift nach dem Pistolenhalfter. Sie gehen rasch über die Schwelle zum Schlafzimmer.

Leider sitzt Tova nicht auf dem Bettrand neben Martti Wester, leider steht sie im Wohnzimmer, hinter dem Rücken der Polizisten, leider kann sie nicht sehen, was sie für Gesichter machen.

Aber sie kann es sich vorstellen. Sie kann sich lebhaft vorstellen, wie sie von vorn aussehen.

«Um Gottes willen.»

Sie weiß nicht, wer das gesagt hat. Sie glaubt, daß es der Älteste war. Die anderen schweigen.

Tova drängt sich zwischen den beiden Jüngeren durch. Sie stehen da und starren Martti Wester mit offenem Mund an.

Tova fällt etwas ein, was Jockum sagte, als er noch klein war. Mach den Mund zu, sagte er. Sonst fliegen Fliegen in deinen Mund. Tova beißt sich auf die Fingerknöchel, um nicht laut herauszuplatzen.

Der erste Polizist, der die anderen anführt, vielleicht ein Oberwachtmeister, dreht sich heftig zu Tova um. Er sieht sie wütend an.

«Glauben Sie, wir hätten nichts Besseres zu tun, als uns in die Eheprobleme anderer Leute zu mischen?» sagt er. «Was ist hier überhaupt los?»

«Das sehen Sie doch», sagt Tova. «Ein Mann ist vergewaltigt worden. Ausgepeitscht und vergewaltigt. Und zwar von mir.»

Alle drei starren sie an.

«Ich habe ihn gefesselt», sagt Tova. «Und dann habe ich ihn vergewaltigt. Geschlagen habe ich ihn auch. Auf dem Laken ist Blut und Sperma, das sehen Sie doch.»

Tova übertreibt. Sie sieht keine Blutflecken auf dem Laken, und auch die anderen Flecken sind nicht zu sehen. Aber sie weiß, daß sie da sind.

Der Oberwachtmeister nickt seinen Untergebenen kurz zu. Hier sind keine besonderen Maßnahmen erforderlich. Das schafft er schon allein.

Die beiden anderen ziehen sich gehorsam ein Stück zurück. Aber nur ein Stück. Dann bleiben sie stehen.

«Das muß ich melden», sagt der Oberwachtmeister mit Nachdruck. «Die Polizei für nichts und wieder nichts holen. Das gibt Ärger. Sie müssen mit einer empfindlichen Geldstrafe rechnen.»

«Geldstrafe! Für eine Vergewaltigung!» sagt Tova. «Was soll das heißen? Auf Vergewaltigung steht Gefängnis, soviel ich weiß.»

«Eine Geldstrafe für falschen Alarm», sagt er. «Martti Wester also, Stenhuggaregatan Nummer ...»

«*Ich* habe das Verbrechen begangen», schreit Tova. «*Ich* bin es, die ...»

«Das stimmt, es ist tatsächlich alles ihre Schuld», würgt Martti Wester hervor.

«Na, das ist ja noch schöner», sagt der Oberwachtmeister verächtlich. «Die Schuld auch noch auf die Frau schieben.»

Tova überkommt ein Gefühl von Unwirklichkeit. Das läuft ja alles ganz anders, als sie es sich vorgestellt hat. Ihr ganzer Plan droht zu scheitern.

Sie packt den Oberwachtmeister am Gürtel.

«Verstehen Sie denn nicht», sagt sie. «Ich hätte ihn umbringen können.»

Sie weiß, daß es die Wahrheit ist. In dem Moment, als sie es ausspricht, weiß sie es. Sie hätte Martti Wester umbringen können.

Aber niemand reagiert darauf. Also spricht sie weiter.

«Wenn ich das getan hätte, dann hätten Sie hier eine Leiche vorgefunden. Sie hätten doch nicht versucht, der Leiche eine Geldstrafe aufzubrummen, oder? Ich habe ihn nicht umgebracht, aber ich habe ihn vergewaltigt, ich habe ihn gezwungen, ich habe ihn gedemütigt. Das ist doch ein Verbrechen, oder etwa nicht? Sie sind wegen einer Vergewaltigung hierhergerufen worden, und Sie sind sofort gekommen. Hier haben Sie das Opfer der Vergewaltigung.»

»Lassen Sie meinen Gürtel los», sagt der Oberwachtmeister und versucht, Tovas Griff zu lockern.

«Glauben Sie nicht, was Sie mit Ihren eigenen Augen sehen?» sagt Tova verzweifelt. Aber sie läßt ihn los.

Der Oberwachtmeister seufzt und wendet sich noch einmal Martti Wester zu.

«Sind Sie vergewaltigt worden», fragt er gequält.

«Zum Teufel», sagt Martti Wester, «kann man nicht mal mehr in seinen eigenen vier Wänden ein bißchen ... hm ... Spaß haben. Wir haben doch nur ... sie sagte, es wäre ein Spiel ... und dann, verdammt noch mal, steht sie plötzlich da und ruft die Polizei an und macht Terror ... Frauen sind verrückt ...»

«Hier sind noch andere Leute verrückt», sagt der Oberwachtmeister. «Aber dafür braucht man nicht die Polizei, sondern einen Irrenarzt. Für unseren Hausbesuch müssen Sie jedenfalls zahlen. Ich schreibe Ihnen eine Verwarnung, und dann müssen Sie aufs Revier kommen und die Sache in Ordnung bringen.»

«Und ich?» sagt Tova.

«Nein, Sie nicht, er», sagt der Oberwachtmeister. «Es ist seine Wohnung.»

Er reißt ein Blatt von seinem Block und legt es auf Martti Westers Bauch. Als würde er einen Strafzettel an die Windschutzscheibe eines falsch geparkten Autos klemmen.

Tovas Verzweiflung wächst.

«Wollen Sie ihn nicht losbinden», sagt sie. «Er liegt hier schon seit neun Uhr. Es geht ihm gar nicht gut.»

«Er kann machen, was er will», sagt der Oberwachtmeister kurz. «Wenn er nur morgen um neun Uhr dreißig aufs Revier kommt.»

«Wenn Sie weg sind, schneide ich ihm mit dem Brotmesser die Kehle durch», sagt Tova Randers.

Der Oberwachtmeister sieht auf.

«Sie kommen am besten mit uns», sagt er.

«Also nehmen Sie mich doch fest», sagt Tova erleichtert.

Der Oberwachtmeister seufzt.

«Warum müssen die Frauen immer den ganzen Abend vor dem Fernseher sitzen. Als es noch keine Waschmaschinen und Geschirrspülmaschinen und Kühlschränke gab, haben sie noch was anderes zu tun gehabt, als sich sämtliche Krimiserien anzuschauen.»

Der eine von den jungen Polizisten steckt den Kopf zur Tür herein.

«Sie spielen auch mit Plastikpistolen» sagt er. «Schau mal, was ich gefunden habe.»

Er hält ihm Micks Peacemaker hin. Und grinst dabei.

«Für heute nacht ist genug gespielt», sagt der Oberwachtmeister. «Und Sie, junge Frau, kommen jetzt brav mit, wir fahren Sie nach Hause, damit Sie nicht noch mehr Abenteuer erleben.»

«In Ihrem Alter», fügt er tadelnd hinzu und steckt Block und Kugelschreiber in die Tasche. Dann nickt er Martti Wester kurz zu.

«Na, dann gute Nacht», sagt er.

Martti Wester räuspert sich.

«Ich ... ich krieg die Knoten nicht auf», sagt er. «Das muß sich irgendwie verheddert haben ... könnten Sie vielleicht ...»

Der Oberwachtmeister macht keinen Versuch, seinen Widerwillen zu verbergen.

«Sind denn solche Mätzchen wirklich nötig», sagt er. «Können Sie sich nicht damit begnügen, es wie alle normalen Leute zu machen ...»

Aber er beugt sich trotzdem hinunter und löst die Knoten.

Martti Wester reckt sich. Er sieht Tova nicht an, und auch den Oberwachtmeister nicht. Er sieht die beiden jungen Polizisten in der Tür zum Wohnzimmer an.

«Das war wirklich ein bißchen blöd», sagt er leichthin. «Aber schließlich muß man hin und wieder auch mal was anderes ausprobieren. Wenn es zu fad wird auf die alte Tour. Und es war nicht übel, gar nicht so übel, bis sie durchdrehte ...»

Er macht eine kleine Pause. Setzt sich auf. Dann fügt er hinzu:

«Eifersüchtig, versteht ihr. Bloß weil ich es im Urlaub mit 'ner anderen gehabt hab ...»

«Das stimmt nicht», sagt Tova, außer sich vor Zorn. «Er lügt, es war gar nicht so ... ich habe nichts mit ihm zu tun, ich wollte bloß ...»

«Sie wollte sich rächen, mir ordentlich eins auswischen, das Biest», sagt Martti Wester. «Diese eifersüchtigen Weiber ... ich hab ihr gesagt ... ich hab was dagegen, wenn Frauen sich wer weiß wie aufspielen.»

«Du hast auch was dagegen, von einer Frau vergewaltigt zu werden», sagt Tova rasch. «Denn genau das ist dir passiert, Martti Wester. Du bist von einer Frau vergewaltigt worden, und das wird die ganze Welt erfahren, zuallererst dein Bowling-Club.»

«Wehe dir, wenn du auch nur zu einer Menschenseele ein Wort davon sagst», brüllt Martti Wester und bäumt sich drohend im

Bett auf. «Wenn du das machst, dann werde ich dich …»

«Na, na», sagt der Oberwachtmeister beruhigend, «sie kann doch sagen, was sie will, glauben wird ihr sowieso niemand.»

Martti Wester verstummt.

Tova blickt von einem zum anderen. Sie schauen weg, jeder von ihnen schaut weg. Keiner begegnet ihrem Blick.

Glaubt ihr denn niemand?

«Sie haben es nicht begriffen», sagt Tova verbissen, «wenn Sie einen Augenblick zuhören, will ich es Ihnen erklären …»

«Alle Frauen wollen glauben, sie wären die einzige», sagt Martti Wester, immer noch an die beiden in der Tür gewandt. «Einmal hat so eine Zicke versucht, mir das Balg von einem anderen unterzuschieben, aber da …»

«Ihre Weibergeschichten interessieren uns nicht», unterbricht ihn der Oberwachtmeister. «Männer, die solchen Firlefanz brauchen, damit sie es schaffen, Stricke und Pistolen und … Solche Männer haben gewöhnlich Probleme mit ihrer Potenz …»

«Also hören Sie mal», kreischt Martti Wester im Falsett, «ich laß mich doch nicht von Ihnen beleidigen. Sie können fragen, wen Sie wollen, was Martti Wester für ein Kerl ist. Fragen Sie die Jungs im Club, Saku und Kalle und Svantesson. Fragen Sie Lasse Svantesson, den kennen Sie doch, der war früher Vorsitzender vom Twelve-Pin-Club in Åbo, dreifacher Meister, ist jetzt Direktor bei Ford, kennt ganz hohe Tiere, da können Sie was erleben, wenn ich ihm das erzähle. Und der weiß allerhand darüber, wie ich es mit den Weibern treibe, Ihre Behauptungen können Sie sich also sparen …»

Der Oberwachtmeister grinst verächtlich.

«Wir können ja das Fräulein hier fragen, wie es sich damit verhält», sagt er.

Plötzlich sehen sie alle Tova an. Jetzt sehen sie sie an. Jetzt ist sie plötzlich wichtig, für sie alle.

Einen Augenblick zögert sie. Dann zuckt sie die Schultern.

«Er hat eine Peitsche in der Schublade neben dem Bett», sagt sie.

«Er muß sich peitschen lassen, damit er es schafft. Oder er muß selber peitschen», fügt sie hinzu.

«Pfui Teufel», sagt der Oberwachtmeister mit Nachdruck.

Martti Wester wirft einen raschen Blick auf die Polizisten. Ob er es schaffen würde, Tova Randers zusammenzuschlagen, bevor sie eingreifen? Wenn das ginge … lieber würde er einen Mord begehen, als diese Schmähung unwidersprochen im Raum stehen zu lassen.

Aber dann würde man ihn verhaften. Und er müßte erklären.

Er stößt ein Wutgeheul aus und wirft sich aufs Bett, schluchzend vor Erbitterung liegt er da, und die Schluchzer lassen seinen Körper zucken, als würde er das leere Bett begatten.

«Wenn Sie mich doch nur anhören würden», sagt Tova und nimmt einen letzten Anlauf. «Was ich gemacht habe ... das war eine symbolische Handlung, der Aufruhr der Opfer gegen die Henker, alle Opfer gegen alle Henker, verstehen Sie ...»

Sie verstummt ganz von selbst.

Die Polizisten an der Tür treten von einem Fuß auf den anderen, ziehen sich dann langsam in den Flur zurück.

Vielleicht hört Martti Wester ihr zu? Vielleicht versteht er jetzt endlich etwas besser, was sie meint. Gerade jetzt, in seiner Verzweiflung, versteht er vielleicht, weshalb sie gekommen ist.

Vielleicht versteht sie jetzt auch etwas mehr von ihm. Und von allen anderen Männern.

Von allen?

Sie denkt an Kari, und an B. Warum ist es ihr nicht gelungen, mit einem von ihnen Seite an Seite zu leben. Warum haben sie und Jon Randers es nicht geschafft, einander anders zu begegnen als in Unfreiheit und Kampf.

Vor allem denkt sie an Mick und Jockum.

Mick und Jockum, die zu Männern heranwachsen werden, in einer Welt, die in Schwache und Starke aufgeteilt ist, einer Welt, die zur Gewalt auffordert. Eine Männerwelt und eine Frauenwelt, zwei getrennte Welten, die sich feindselig gegenüberstehen, statt einer einzigen, die für alle da ist.

Sie spürt die Hand des Oberwachtmeisters auf ihrem Arm.

«Kommen Sie, wir gehen», sagt er und schiebt sie behutsam hinaus.

Sie wirft noch einen Blick auf Martti Wester, bevor sie geht. Er liegt unbeweglich auf seinem Bett, das Gesicht vergraben. Er sieht nicht auf.

«Wir sehen uns vor Gericht», sagt Tova leise. Sie findet, daß er jetzt genug abgekriegt hat, mehr braucht sie nicht zu sagen.

«Es wird keinen Prozeß geben», sagt der Oberwachtmeister zu Tova, als sie im Auto sitzt.

«Aber», sagt Tova, «aber ... das muß doch sein. Man kann doch mit so was, wie ich es gemacht habe, nicht einfach davonkommen, auch wenn ich . . . »

«Er wird keine Anzeige erstatten», sagt der Oberwachtmeister.

«Dann mache ich es eben», sagt Tova. «Ich werde mich selbst anzeigen. Ich will bestraft werden, und ich werde meine Strafe auf mich nehmen.»

«Wo kein Kläger ist, ist auch kein Richter», sagt der Oberwachtmeister. «Wenn er Sie nicht anzeigt, wird keine Anklage erhoben. Wenn es niemand gibt, an dem ein Verbrechen begangen wurde, dann gibt es keinen Prozeß. Und keine Strafe.»

«Er wird Sie nicht anzeigen», sagt der Oberwachtmeister noch einmal. «Was auch immer Sie getan haben.»

Die Hesperiagatan ist menschenleer, als sie Tova vor ihrer Haustür absetzen. Als Tova in ihre Wohnung kommt, ist alles dunkel und still.

Seite an Seite.

Diesen Ausdruck gebraucht Tova am liebsten, wenn sie erklären möchte, wie Menschen ihrer Meinung nach miteinander leben sollten.

Nichts beim anderen und sich selbst unterdrücken und verleugnen. Nie sich fügen oder sich in sein stilles Kämmerchen zurückziehen. Wissen, was man will, und es auch tun.

Trotz der schlimmsten Angst noch miteinander reden.

Statt einander zu verletzen und zu kränken.

Was ist aber mit der Freiheit?

Wenn Freiheit nur eine Ausrede dafür ist, daß man sich nicht umeinander zu kümmern braucht? Damit man stets kühl und gleichgültig bleiben kann, immer nebeneinander her, aber nur nicht zu nahe. Rücksichtsvoll und grausam. Und stets die Wahrheit sagen, auch wenn die Wahrheit tödlich ist.

Die Freiheit, zu vergewaltigen und zu demütigen und keine Schwäche zu dulden. Wer schwach ist, muß gebrochen und zerstört, zertrampelt und vernichtet werden. Bis nichts mehr von ihm übrig ist.

Die Freiheit, weiterzumachen, als sei nichts geschehen. Die Freiheit, sich taub zu stellen, nichts zu fühlen und nichts zu denken, nichts zu verstehen, keine Meinung zu haben und nicht Stellung zu nehmen.

Soll das Freiheit sein?

Tova zweifelt an ihrer eigenen Freiheit und an der aller anderen.

Freiheit klingt plötzlich wie ein Schimpfwort.

Tova sitzt wieder in ihrem Polstersessel, es ist Nacht, rings um sie her herrscht tiefe Stille, sie ist hellwach und glaubt, daß ihre Jungen schlafen, sie will sie nicht wecken, aus vielen Gründen möchte sie, daß die beiden noch ein paar Stunden schlafen. Sie knipst das Licht nicht an, trotz der pechschwarzen Dunkelheit. Es ist die tiefste Augustnacht, zwischen ein und zwei Uhr, kein Mond und keine Sterne.

Nur dunkle Fensterreihen gegenüber.

Zuerst hat sie sich die Hände gewaschen und hat lange geduscht, dann hat sie Buttermilch getrunken, ist barfuß auf dem Flickenteppich auf und ab gelaufen, hat lange am Küchenfenster gestanden, dann eine Weile am Fenster in ihrem Wohnzimmer, und hat unentwegt in die Dunkelheit hinausgestarrt.

Dann hat sie sich in den Polstersessel gesetzt. Sie ist vierzig Jahre alt und hat sich selbst ihr Recht verschafft. Sie ist niemandes Eigentum, und wenn jemand sie beleidigt, dann trägt sie das Duell selbst aus.

Es ist schiefgegangen, zugegeben. Aber erst, als der Staat mit seinen Paragraphen dazwischenfunkte.

Paragraphen kann man ändern!

Es kommt nur darauf an, den Verfassern der Paragraphen die Augen zu öffnen, damit sie sich nicht mit halben Gedanken begnügen, die nur für die Hälfte der Menschheit bestimmt sind:

«Wer eine Frau mit Gewalt oder durch Drohung mit gegenwärtiger Gefahr für Leib oder Leben zum außerehelichen Beischlaf nötigt . . .»

Warum nur eine Frau?

Warum nur außerehelich?

Der Staatsanwalt erhebt keine Anklage, sofern der Kläger keinen Antrag auf Einleitung eines Strafverfahrens stellt.

Warum nur der Kläger?

Wer ist der Kläger, wenn es um zwei Menschen geht, die unter siebzehn Jahre alt sind, sich aber einig waren bei dem, was sie gemacht haben?

Fragezeichen kann sie genug aufzählen, aber kann sie auch alle Fragen beantworten? Ist Tova wirklich der Meinung: Auge um Auge, Zahn um Zahn, Gewalt gegen Gewalt? Wenn es sein muß, auch mit eigener Hand, wenn die Gesetze nicht ausreichen?

Das will sie ja gar nicht. Tova verabscheut Gewalt. Schon seit eh und je. Das hat sie ihren Jungen schon von klein auf gepredigt, schlagt nicht gleich zu, redet miteinander, man muß über die Sachen reden können, fragt zuerst, statt loszubrüllen, nicht gleich die Fäuste gebrauchen, erst bis zehn zählen, geht auseinander, und setzt euch jeder in eine Ecke, wenn ihr losdreschen wollt. Und laßt die Finger von denen, die kleiner sind als ihr. Schlagt niemals einen Schwächeren.

Und keine Spielzeugwaffen.

Jon hat ganz anders darüber gedacht.

«Es ist ein Spiel», sagt Jon, «alle Jungen spielen Krieg, das siehst du doch, und ob sie nun einen Stock nehmen oder ein Stück Plastik, wo ist da schon der Unterschied? Sie müssen doch irgendwann lernen, ins Schwarze zu treffen, es schadet nichts, wenn sie sich verteidigen können, man weiß nie, wann man das brauchen kann, so wie die Gewalt um sich greift. Sollen sie sich verprügeln lassen, ohne sich zu wehren? Du machst Muttersöhnchen aus ihnen, ein Junge ist eben ein Junge, sieh das doch ein, Tova.»

Tova hat es nie eingesehen. Aber sie hat nachgegeben, wie üblich. Krieg ist Männersache. Von männlicher Logik bestimmt. Eine Logik, die man mißbilligen, aber nicht ändern kann.

Und so wurde die Wohnung mit Plastikpistolen überschwemmt. Sie waren überall, in allen Schubladen. Sogar ein Maschinengewehr aus Plastik, das hohl, aber durchdringend ratterte. Damit ballerten die Kinder um alle Ecken herum, ratatata.

Jon kaufte jedem der Jungen zum zehnten Geburtstag ein Luftgewehr. Zuerst eins für Jockum, dann eins für Mick. Ihr ganzes Taschengeld ging für Patronen drauf, und in den Wochen, die sie jeden Sommer bei Jon verbrachten, waren sie ganz schießwütig.

Trotzdem glaubt Tova, daß die Jungen begreifen, was sie meint. Sie hat immer mit ihnen geredet, schon als sie ganz klein waren. Sie hat versucht, ihren Fragen nicht auszuweichen.

«Wo ist Omi, seit sie tot ist? Muß ich auch sterben? Wie ist das, wenn ich tot bin?»

Meistens ist es Jockum. Fast jede Nacht kommt Jockum angeschlichen. »Ich hab solche Angst gekriegt, daß du tot bist, du bist doch nicht tot? Ich fürchte mich so vor allem, ich weiß gar nicht, wie ich leben soll, wenn ich mich immer so fürchte, niemand auf der ganzen Welt hat soviel Angst wie ich, ich trau mich nie, irgendwem zu sagen, was für Angst ich hab.»

Jon sagt, sie solle ihn nicht verhätscheln. Kinder bräuchten eine feste Hand. Kinder sollten in ihrem eigenen Bett und in ihrem eigenen Zimmer schlafen. «Er nützt dich doch nur aus», sagt Jon, «er wickelt dich um den Finger, er will nur zeigen, daß er dich in der Hand hat, daß er dich zwingen kann, nachts aufzustehen, er will zeigen, daß er mich besiegen kann, daß er sich zwischen dich und mich drängen kann, wenn es ihm paßt.»

Besiegen! Zwingen!

Jon kann protestieren, soviel er will, aber in diesem Punkt ist Tova unerbittlich. Niemand, der Angst hat und sich einsam fühlt, soll seine Angst verschweigen müssen. Jockum und Tova flüstern in dunklen Nächten miteinander, wenn in jeder Ecke Wölfe lauern und Hexen einen beißen wollen, sobald man einen Fuß aus dem Bett streckt. Gespenster im Wald. Eisenbahnen, die durch schwarze Tunnel fahren. Aufzüge, die zwischen den Stockwerken steckenbleiben. Der Schulbus, der nicht da hält, wo man aussteigen will, sondern einfach weiterfährt, so daß man ganz woanders aussteigen muß und nie mehr nach Hause findet.

Es ist nicht schlimm, wenn man Angst hat. Alle Menschen haben Angst. Solange man jemand anders erzählen kann, was für schreckliche Angst man hat, ist es nicht wirklich schlimm. Man kann andere Leute fragen, wenn man sich verfahren hat. Menschen helfen einander. Man muß es nur wagen, den Menschen zuzutrauen, daß sie nett und hilfsbereit sein wollen.

Einmal gehen sie ins Kaufhaus Stockmanns. Sie wollen zur Fundstelle gehen und nach Tovas Mütze fragen, die sie an einer Kasse liegengelassen hat. Wie kommt man zur Fundstelle?

Man fährt mit dem Aufzug in den siebten Stock.

Wenn man nun aber nicht Aufzug fahren kann? Wenn man glaubt, daß der Aufzug bestimmt steckenbleibt und daß man nie mehr rauskommt? Wenn man zu Fuß zur Fundstelle gehen muß?

Jockum und Tova steigen die Treppen hinauf, bis in den siebten Stock.

Dort oben gibt es Personalzimmer und Lagerräume. Keine Fundstelle. Die ist am anderen Ende des Hauses, und dorthin kann man nur mit dem Aufzug kommen.

Jockum drängt sich an Tova. Nicht mit dem Aufzug. Auf keinen Fall Aufzug fahren.

«Du bekommst ein Eis im Café», verspricht Tova. «Du kannst da sitzen und das Eis essen, während ich mit dem Aufzug rauf- und wieder runterfahre. Ich hol dich ab, sobald ich das erledigt habe.»

«Nein», sagt Jockum, er ist neun Jahre alt und glaubt felsenfest, daß Tova ihn nie mehr wiederfindet, wenn er sie gehen läßt.

Da stehen sie nun. Aber da kommt eine freundliche Dame vorbei, fragt, wohin sie unterwegs sind und ob sie ihnen helfen kann.

Tova erklärt es ihr. Eine Mütze. Und ein Neunjähriger, der nicht mit dem Aufzug fahren kann.

Die Dame hilft ihnen. Was sie tut, sei verboten, sagt sie, aber sie nimmt sie trotzdem mit und lotst sie durch den Korridor zwischen den Lagerräumen hindurch, Jockum ist schon starr vor Panik, hier gibt es keine Fenster, der Gang macht eine Biegung, er nimmt kein Ende, Jockum wirft wilde Blicke um sich, klammert sich an Tovas Arm.

Sie kommen am anderen Ende des Gebäudes an, unter den Fundsachen ist keine Mütze, sie müssen wieder zurück. Wie von Furien gehetzt rennen sie durch den Gang, schaffen es kaum, sich bei ihrer Begleiterin zu bedanken, bevor sie endlich wieder im Treppenhaus stehen.

Nur langsam beruhigen sie sich wieder. Eine halbe Stunde lang sitzen sie dicht aneinandergedrängt und essen Eis, und allmählich fühlen sie sich besser. Und sie reden darüber.

«Da siehst du es», sagt Tova. «Du muß zugeben, daß ich recht habe. Es ist immer jemand da, den man fragen kann und der einem hilft, wenn man Hilfe braucht. Man muß es nur wagen, sich darauf zu verlassen, daß andere einem helfen.»

Jockum seufzt.

«Meinst du», sagt er. Er macht dabei ein skeptisches Gesicht. Aber dann lächelt er ein bißchen.

Tova sieht, daß er anfängt, ihr zu glauben. Und am Abend sagt er es auch:

«Weißt du, Tova, ich glaube, du hast recht», sagt er. «Ich glaube, daß sie einem helfen. Wenn man sich traut, sie zu fragen.»

Das war ein wichtiger Tag. Sie reden noch oft davon, Tova und Jockum.

Aber Jon sagt, sie habe unrecht und sei bloß naiv.

«Man darf sich auf niemand verlassen, außer auf sich selbst», sagt Jon. «Wenn es drauf ankommt, lassen einen alle im Stich. Man darf nie zeigen, daß man andere Leute braucht, denn damit gibt man sich eine Blöße, die sie sofort ausnützen, bei der ersten besten Gelegenheit. Bitte nie um Hilfe, mach dich nie von anderen Leuten abhängig, sonst bist du auf ihre Gnade angewiesen.»

Tova wird angst und bange, wenn sie Jon Randers reden hört. Jetzt weiß sie, wie er denkt. Jetzt weiß sie, was sie zu erwarten hätte, wenn sie ernstlich krank würde oder einen Verkehrsunfall hätte, der sie von ihm abhängig machte. Er würde sie im Stich lassen. Wer keine Hilfe annehmen kann, der kann auch keine Hilfe geben. Er ist ein einsamer Wolf, in einer Schar von anderen Wölfen, doch er hat mehr Angst als sie alle.

146

Er wird es niemals wagen, Seite an Seite mit einem anderen Menschen zu leben. Dazu hat er zuviel Angst.

Diese Angst hat Tova nie gekannt. Sie begreift, daß es eine sehr gefährliche Angst sein muß. Sie weiß, wozu diese Angst führt.

Sie führt zur Gewalt.

Tova muß Abhilfe schaffen. Die Jungen dürfen auf keinen Fall davon angesteckt werden. Diese Angst muß besänftigt und beseitigt werden.

Aber das schafft Tova nicht. Was Jon Randers betrifft, so ist es für sie zu spät, ihn noch zu erreichen. Sie hat ihn schon zu lange belogen. Es hat keinen Sinn zu lügen. Wenn man zu lügen beginnt, ist alles unwiderruflich verloren.

Mick und Jockum belügt Tova niemals, und sie glaubt, daß sie Jon Randers' Angst nicht teilen. Als er sie verlassen hatte, gab es für Tova keinen Grund mehr zu lügen. Ihr Leben ist ruhiger geworden, und Jockum wacht nachts nicht mehr so oft auf, seit er nicht mehr angespannt im Bett liegt und auf ihre Stimmen horcht.

Sie glaubt, daß sie auch jetzt, wo die Jungen schon groß sind, einen guten Kontakt mit ihnen behalten wird. Noch besprechen sie alles mit ihr, was sie beschäftigt, jedenfalls fast alles, glaubt Tova.

Aber sie selbst hat es nicht gewagt, mit ihnen über das zu sprechen, worüber sie in den letzten Wochen nachgegrübelt hat. Sie hätte es tun sollen. Dann hätte sie alles vielleicht besser verstanden. Und wäre vielleicht nicht gescheitert.

Nun hat sie selbst Gewalt geübt. Und ist damit gescheitert. Ist sie vielleicht gerade deshalb gescheitert?

Wochenlang hat sie die Gewalt in sich herumgetragen. Sie hat mit ihr gelebt, sie war von Gewalt infiziert. Schon beim Aufwachen hat sie an Gewalt gedacht, jeden Morgen hatte sie blutrote Gewalt mit weißen Streifen aus Haß hinter den Augenlidern. Bei der Arbeit hat sie die Gewalt in die Kartei gestopft, zwischen den Buchstaben des Alphabets und auf den Buchrücken hat sie nichts als Gewalt gesehen. Sie hat davon geträumt, hat an nichts anderes gedacht.

Wenn sie die Jungen ansah, war ihr Kopf mit Gewalt beschäftigt. Wenn sie ihnen über den Kopf strich oder rasch ihre Wangen streichelte, lauerte irgendwo die Gewalt. Obwohl sie glaubte, sie hätte es vor ihnen verheimlicht, ihnen nichts davon erzählt, kein

Wort mit ihnen darüber gewechselt, wie sie es sonst stets zu tun pflegte.

Jetzt möchte sie die beiden sofort wecken. Sie wird zu ihnen hineingehen, mit ihnen reden und ihnen alles erklären. Zusammen werden sie sich ausdenken, was sie hätte tun sollen, wie sie es hätte anstellen sollen, um nicht mit ihrem Vorhaben zu scheitern.

Es ist nicht falsch, Aufruhr zu machen. Aufruhr ist notwendig, wird sie ihnen sagen. Es ist falsch, sich in Ungerechtigkeit zu fügen, Gewalt zu akzeptieren und sich davon demütigen zu lassen, es ist falsch, das Opfer zu spielen. Henker brauchen Opfer. Erst wenn es keine Opfer mehr gibt, wird es auch keine Henker mehr geben.

Es ist notwendig, die Henker zu überzeugen, die Paragraphen zu ändern, erstarrte Denkweisen auf den Kopf zu stellen, alle Dinge neu und anders zu betrachten. Nicht nur die, welche oben sind, müssen umdenken und sich zuunterst am Boden liegen sehen. Auch die anderen müssen umdenken und damit aufhören, sich selbst als Unterlegene und als Opfer zu sehen. Und dafür trägt jeder die Verantwortung, jeder einzelne.

Wie soll man die Leute dazu bringen, das zu begreifen? Paragraphen reichen da nicht aus. Es muß von innen wachsen, muß mit der Muttermilch eingesogen und schon in der Wiege gelernt werden, bis es für jeden ein selbstverständlicher Gedanke wird

daß Gewalt für den, der sie ausübt, noch demütigender ist als für das Opfer, daß aber alle beide ihre Rolle dabei spielen und daß das Spiel erst dann unmöglich wird, wenn beide sich weigern mitzuspielen

erst dann ist das Spiel zu Ende. Erst dann ist die letzte Schlacht geschlagen.

Das war es ja, was sie Martti Wester und der ganzen Welt mitteilen wollte. Und das ist ihr kläglich mißlungen. Denn es wird keinen Prozeß geben, und sie wird nie beweisen können, wie unsinnig diese Paragraphen sind.

Warum hat sie sich Mick und Jockum nicht anvertraut? Genau wie Jon Randers, wie ein einsamer Wolf unter Wölfen, ängstlicher als die Ängstlichsten, hat sie in die leere Luft geheult.

Was hat sie ihren Kindern in ihrer Blindheit angetan? Sie müssen Haß und Gewalt um sich her gespürt haben, müssen es aufgeschnappt und sich angesteckt haben, ohne den Zusammenhang und den Hintergrund zu kennen, ohne Einsicht oder Kenntnis dessen, womit sie leben.

Sie steht aus ihrem Sessel auf, in dem sie schon sehr lange gesessen hat. Draußen zieht die Dämmerung grau herauf, es kommen neue Tage, zusammen werden sie sich ausdenken, wie diese Tage zu nutzen sind. Die beiden sehen viel klarer als sie selbst, sie wissen noch nicht, was die Welt als unmöglich und undurchführbar ansieht, und gerade deshalb können sie Dinge tun, die sonst niemand tun kann.

Barfuß schleicht Tova in das Zimmer der Jungen, stolpert über einen Schuh, der irgendwo herumliegt. Sie bleibt zwischen den Betten stehen und sieht auf sie hinunter.

Mick hat seine flaumige Wange ins Kissen gebohrt und sich zu einem Bündel zusammengerollt. Er schläft wie ein Murmeltier und schnauft hörbar. Der sanfte Mick.

Jockum auf dem Bauch, ohne Decke, wie er es immer als Kind machte. Das ist schon lange her. Er sieht erwachsen aus, wie er da liegt, mit riesigen Füßen, die herausragen, als sei das Bett zu kurz für seinen langen, schlaksigen Körper.

Tova deckt ihn zu. Ein Weilchen bleibt sie noch stehen und betrachtet sie. Dann geht sie auf Zehenspitzen hinaus und macht die Tür leise hinter sich zu.

Sie bringt es nicht über sich, sie zu wecken. Sie wird später noch genug Zeit finden, mit ihnen zu reden, morgen oder in ein paar Tagen, wenn sie sich genau überlegt hat, was sie ihnen sagen will.

Dann kriecht Tova schließlich ins Bett. Es ist fast vier, sie ist todmüde.

Aber sie kann nicht schlafen. Sie liegt in einem Dämmerzustand da, und obwohl sie die Augen geschlossen hat, merkt sie, wie das Morgenlicht unter ihre Augenlider kriecht.

Als der Wecker klingelt und sie aufstehen muß, ist sie müder als zuvor.

Die Tage vergehen.

Bei der Arbeit ist Tova schweigsam und rastlos, sie kommt und geht, benutzt ihren Sonderauftrag als Entschuldigung, aber die Arbeit geht ihr nicht von der Hand.

Abends sitzt sie allein zu Hause und grübelt. Die Jungen gehen ihre eigenen Wege, kommen oft erst heim, wenn sie schon ins Bett gegangen ist. Sie gewöhnt sich an, zu ihnen hineinzugehen, wenn sie eingeschlafen sind, sich ans Fußende zu stellen und sie eine Weile anzusehen. Als könnte ihr das helfen, die richtigen Worte zu finden, um mit ihnen zu reden.

Dann geht sie wieder in ihr Zimmer zurück und liegt die ganze Nacht wach. Wenn sie doch einschläft, träumt sie, daß sie wach ist, daß sie unmöglich schlafen kann. Mit jedem Tag wächst ihre Erschöpfung und Rastlosigkeit.

Am Montag abend macht sie einen langen Spaziergang, um besser schlafen zu können. Sie duscht schnell und geht ins Bett, ohne sich vorher zu den Jungen zu schleichen.

Sie schläft tatsächlich ein. Sie träumt von sich selbst als Kind, sie hat etwas angestellt, sie soll bestraft werden, und die Mutter lacht sie aus. Sie will weglaufen, aber die Füße sind wie festgeklebt, und die Mutter lacht und lacht.

Tova erwacht in Schweiß gebadet. Es ist drei Uhr, alles ist dunkel und still. Ihr Herz klopft, sie kann das dumpfe Gefühl von Unbehagen nicht loswerden, kann nicht wieder einschlafen.

Schließlich steht sie auf, schlüpft in ihren Morgenmantel und geht zu den Jungen hinein. Wenn sie nur ein Weilchen an ihren Betten sitzt, wird sie sich bestimmt beruhigen und wieder einschlafen.

Mick schläft. Er knirscht mit den Zähnen und murmelt etwas, dreht sich um und schläft weiter. Und Jockum ... wo ist Jockum? Er ist nicht da. Sein Bett ist leer.

Wo kann er nur sein? Es ist drei Uhr früh. Morgen ist Dienstag, er muß um acht in der Schule sein und hat einen Siebenstundentag vor sich. Wo steckt Jockum?

Sie will Mick wecken, sie muß ihn fragen, was sie am Abend gemacht haben, wann sie sich getrennt haben, wohin Jockum gegangen ist, was ihm passiert sein kann.

Da klickt das Türschloß. Jemand kommt herein, jemand, der sich leise bewegt, der kein Licht macht, der gegen keine Wand rennt und gegen keinen Stuhl stößt, der direkt auf Tova zugeht, über den Flickenteppich geradewegs auf die Stelle zu, wo sie steht.

Die Knie werden ihr weich. Sie sinkt auf dem Boden neben dem Polstersessel zusammen.

«Tova!»

Es klingt wie ein Schrei, ein Angstschrei.

Es ist Jockums Stimme. Es ist Jockum, der auf sie zuläuft, Jokkum, der sie umklammert, sie weint vor Erleichterung und Erstaunen, aber auch, weil ihr jetzt etwas anderes Angst macht, was ist mit Jockum passiert, warum kommt er erst jetzt nach Hause, warum macht er kein Licht, warum geht er wie ein Gespenst durchs Haus, warum weint Jockum angstvoll und heftig?

«Jockum?»

Er sagt immer noch nichts, er weint und weint, Tova streicht ihm übers Haar, auch sie weint, aber sie hört langsam auf, Jockum braucht sie, braucht ihre Ruhe und Kraft, er will ihr erzählen, was ihm passiert ist, und was auch geschehen sein mag, sie ist da, sie wiegt ihn in ihren Armen, liebster Jockum, das Wichtigste auf der Welt sind Mick und Jockum, wichtiger als alles andere, hörst du, Alexandra Kollontai, *das* ist die Hauptsache.

Noch nie hat Tova so genau gewußt, daß nichts auf der Welt ihr mehr bedeutet, als zu wissen, daß es Mick und Jockum gutgeht, wer auch immer Jockum weh getan hat, kriegt es mit ihr zu tun, da kennt sie nichts, da wird sie keinen Fußbreit weichen, niemals.

Nach und nach erfährt sie, was geschehen ist. Abgebrochene, abgehackte Sätze, zuerst unverständlich, Einzelheiten, die ihm nach und nach einfallen, wachsen allmählich zu einem Bild zusammen. Und es wird deutlich, daß niemand Jockum weh getan hat. Sondern daß er es selbst ist, der einem anderen Menschen weh getan hat.

Ein Mädchen, das Mädchen, in das Jockum schon lange verliebt war, ohne sich zu trauen, es ihr zu sagen, die große, blonde Bimbi, weißt du, wer das ist, Mami? und Tova weiß es, die mit den langen, schlanken Beinen, in weißen Jeans und einem rosa-weiß gestreiften T-Shirt, mit einem Pferdeschwanz, sie hat doch damals in der Volksschule bei einer Weihnachtsfeier Rotkäppchens Großmutter gespielt, und dann ist sie umgezogen und war weg und ist mehrere Jahre woanders zur Schule gegangen. Mit diesem Mädchen, Bimbi, war er im Kino. Und dann sind sie in den Park gegangen. Und da hat er sie geküßt. Und sie sind immer tiefer in den Park hineingegangen, zwischen den hohen, weißen Birken des Sibeliusparks hindurch, sie haben an diesem Sommerabend die Mechelingatan überquert und sind am Orgelmonument vorbeigegangen, am Strand entlang, über die Brücke zur Insel hinüber, in das Wäldchen hinein

und sie will, daß er

sie hat nichts dagegen, glaubt er, denn sie küßt ihn auch, und als er seine Jacke auszieht und Bimbi behutsam darauf legt, steht sie nicht auf und sagt nicht nein, sie küßt ihn immer weiter

sie hat Brüste wie Pfirsiche

oder wie Birnen

jedenfalls wie Früchte, Tova, du kannst dir ja nicht vorstellen, er berührt sie und streichelt sie, und dann wird er irgendwie ganz verrückt, du hast keine Ahnung, Mami

du weißt ja nicht

er kann einfach nicht sagen, was für ein Gefühl das war, er konnte nicht anders, als

da will er ihr die weißen Jeans ausziehen, nur ein bißchen aufmachen will er sie, aber das will sie plötzlich nicht, sie fängt an, sich zu wehren, und da wird es noch schlimmer, er muß mit ihr kämpfen, sie schreit nicht, aber sie jammert und schluchzt, und er will ihr überhaupt nicht weh tun, wirklich nicht, er will doch nur, daß alles ganz wunderbar zwischen ihnen ist

das will sie ja auch, aber er hält sie fest, ganz fest, weil sie sich plötzlich so wild gebärdet, es könnte jemand kommen, jemand könnte sie sehen, niemand darf davon wissen

viel zu schnell ist alles vorbei, und da reißt sie sich von ihm los, sie schüttelt ihn ab und läuft stolpernd ein paar Schritte, ihre Jeans in der Hand, und er steht auf, und bis er endlich

da ist sie schon zwischen den Bäumen verschwunden

und er läuft lange herum und sucht sie, unter den Tannen sucht er sie und ruft ihren Namen und bittet und bettelt, nie mehr wird er das tun, wenn sie nur nicht

unten am Strand bei den Booten

wenn sie nur nicht ins Wasser gegangen ist

er hat keine Taschenlampe und traut sich nicht, jemand anders um Hilfe zu bitten, traut sich nicht, die Polizei zu rufen, stolpert

über Baumwurzeln und Glassplitter,
    aber sie ist nirgends zu finden.
Bimbi wohnt ganz in unserer Nähe, hast du das gewußt, Mami,
in dem großen Appartementhaus, und die Wohnung geht durch
ein ganzes Stockwerk, dort geht Jockum hin, aber er wagt es
nicht, auf die Klingel zu drücken, an der Jonson steht, da wohnt
Bimbi eigentlich, wenn sie jetzt aber
    endlos lange wartet er draußen, bis jemand kommt, der hinein
will, und schließlich gelingt es ihm, durch die Haustür und auf
den Hof zu schlüpfen, wo Bimbis Fenster ist.
Da brennt Licht.
Die Gardinen sind zugezogen, aber dahinter brennt Licht.
Und er wartet.
Man hört Geräusche aus dem Restaurant, Fleisch wir geklopft,
jemand pfeift, Gläser klirren, Stimmengemurmel und Gerüche,
Küchendunst und Bratenduft, hin und wieder fällt ein Licht-
schein auf den Hof, wenn ein Fenster geöffnet wird oder wenn
jemand mit Abfalltüten aus der Tür kommt.
Schatten bewegen sich, zeichnen sich auf der Gardine von Bimbis
Fenster ab.
    Er weiß genau, in welchem Zimmer sie wohnt, er hat schon
öfter hier gestanden und hinaufgestarrt, ohne daß sie es wußte,
und überlegt, ob sie wohl da ist.
Zwei Schatten sieht er. Ja, das ist sie, einer davon ist Bimbis
Schatten.
Sie ist also da, sie hat sich nicht ins Meer gestürzt oder sich vor
ein Auto geworfen, sie lebt!
Er ist so erleichtert, daß er vor sich hinlacht, er tanzt einmal im
Kreis herum, und als Bimbis Schatten endlich allein ist, pfeift er.
Zuerst leise, dann lauter. Damit sie ihn hört, damit sie kurz her-
unterkommt, damit er mit ihr reden kann, damit sie beide zusammen lachen können.
Er pfeift.
Schließlich hört Bimbi ihn. Sie macht das Licht aus und öffnet
das Fenster, beugt sich hinaus, geh weg, sagt sie, geh sofort weg,
bevor sie dich sehen
    und er fragt, wer und warum, bist du mir böse, fragt er, ich
wollte nicht, ich wollte doch nur
    ich bin dir nicht böse, sagt Bimbi, ich hab bloß Angst bekom-
men und bin weggerannt, aber du mußt hier ganz schnell ver-

schwinden, sie sind nämlich beide schrecklich wütend, Mami und Papi, sie wollen dich anzeigen, haben sie gesagt, ich bin furchtbar unglücklich, Jockum, bitte geh jetzt, Jockum.

Bimbi macht das Fenster zu, aber sie macht das Licht nicht wieder an, er weiß überhaupt nicht, was er tun soll. Schließlich geht er nach Hause, er ist darauf gefaßt, daß die Polizei schon vor ihm da ist, sie können jeden Moment hier sein und bei uns klingeln und mich mitnehmen

was sollen wir nur machen, Tova?

Ich gehe ins Wasser, das ist die einzige Möglichkeit

ich darf sie nie mehr wiedersehen, und dabei ist sie so wunderbar, ich kann keinem Menschen mehr in die Augen sehen, nachdem das passiert ist

sie werden mich ins Gefängnis stecken

niemand auf der ganzen Welt ist so unglücklich wie ich.

Als er schließlich verstummt, sitzt Tova ganz still da.

Sie wiegt ihn in ihren Armen hin und her, wie ein Kind, wie das sechzehnjährige Kind, das sie in ihren Armen hält.

Sie sagt nichts. Aber sie sieht das Muster klar vor sich.

Es ist die Lüge, auch diesmal wieder. Die stumme Lüge, das Schweigen, das die Menschen trennt und sie immer weiter auseinander treibt. Bis die Wahrheit sich nicht mehr ohne Gewalt durchsetzen kann.

Jetzt wagt sie es. Jetzt werden sie Seite an Seite gehen, Jockum und sie, Seite an Seite mit allen anderen, die unwissend, angsterfüllt und zerrissen sind.

Der Aufruhr hat begonnen.

neue frau

Eine Auswahl

Liza Dalby
Geisha
Eine Amerikanerin erlernt den ältesten
japanischen Frauenberuf (5557)

Robyn Davidson
Spuren
Eine Reise durch Australien (5001)

Harriet Doerr
Erinnerung an Ibarra
Roman (5571)

Margaret Drabble
Die Elite nach dem Fest
Roman (12330)
Porträt einer Tüchtigen
Roman (4928)

Marguerite Duras
Agatha. Atlantik Mann
(5825)

Afsaneh Eghbal
Als der Mond sein Gesicht verbarg
Roman (5623)

Fumiko Enchi
Die Dichterin und die Masken
Roman (5415)
Wartejahre
Roman (5520)

Mary Flanagan
Bad Girls
Geschichten (5718)

ro
ro
ro

C 912/11 a

neue frau

Tove Jansson
Die ehrliche Betrügerin
Ein Märchen für Erwachsene (5694)
Die Tochter des Bildhauers
Roman (5903)

Anna Kavan
Wer bist du?
Roman (5792)

Susanna Kaysen
Der Mann ohne Seele
Roman (12365)

Margot Lang (Hg.)
Mein Vater
Frauen erzählen vom ersten Mann ihres Lebens (4357)

Doris Lessing
Der Sommer vor der Dunkelheit
(4170)

Sarah Lloyd
Eine indische Lieben
(5586)
China erfahren
Ein Reisebericht (12339)

Margaret Mead
Brombeerblüten im Winter
Ein befreites Leben (4226)

Eine Auswahl

Daphne Merkin
Die Prinzessin von New York
Roman (12303)

ro ro ro

C 912/10 b